Godet Pflanzenführer

BÄUME UND STRÄUCHER

Band I

BLÄTTER UND ZWEIGE

152 Arten, 456 Farbfotos, viersprachiges Register

Mosaik Verlag

(Auslieferung für die Schweiz) ISBN 3–905039–09–1

Vertrieb der deutschsprachigen Ausgabe (Ausser in der Schweiz): Mosaik Verlag GmbH, München, 1993
ISBN 3–576–10192–6

Ektachrome-Entwicklung: Colorlabor Zumstein, Bern

Fotolithos: Schwitter AG, Basel

Gestaltung, Satz: Arboris Verlag, Hinterkappelen

Belichtung: Bund, Belichtungsservice, Bern

Druck und buchbinderische Verarbeitung: Brepols, Fabrieken N.V., Turnhout

Printed in Belgium

Einleitung

Mit der fortschreitenden Gefährdung und Bedrohung unserer Lebensräume wächst auch in zunehmendem Masse das Interesse an unserer Pflanzen- und Tierwelt an. Immer mehr Menschen möchten die heimische Pflanzenwelt kennenlernen, sind aber oft überfordert, anhand von wissenschaftlichen Beschreibungen eine unbekannte Art zu identifizieren – und damit kennenzulernen.
In den bisher im Grossformat erschienenen Godet Pflanzenführern wurde mit Hilfe einer neuartigen Bilddarstellung die Möglichkeit geschaffen, den Einstieg ins Pflanzenreich so zu erleichtern, dass eine unbekannte Art innerhalb kürzester Zeit bestimmt werden kann.
Damit dies auch in freien Natur leichter fällt, haben wir uns dazu entschlossen, mit der genau gleichen Darstellungsform eine Pflanzenführerreihe im Taschenformat zu starten.
Für die Bestimmung von Bäumen und Sträuchern können bekanntlich Blüten, Knospen, Rinden und Laubblätter herangezogen werden. Um eine Vermischung von Merkmalen zu vermeiden, und damit einer möglichen Verwirrung vorzubeugen, haben wir uns im vorliegenden Pflanzenführer auf die Laubblätter konzentriert. Es wird Aufgabe weiterer Werke sein, auf die anderen Merkmale detailliert einzugehen und unter anderem auch die Nadelhölzer darzustellen.
Im vorliegenden Band werden über 150 häufig anzutreffende Laubgehölze vorgestellt. Im ersten Teil des Bandes sind die Arten zunächst nur mit den Namen und den Bildern aufgeführt, im zweiten Teil mit je einer ausführlichen Beschreibung. Die erste Gliederung erfolgt nach der Unterscheidung von gefiederten und ganzen Laubblättern. Bei der letzten Gruppe wird weiter in gelappte-, gezähnte- und ganzrandige unterteilt. Da einzelne Arten verschiedene Blattformen aufweisen können, wird auch in diesem Band dieser Tatsache Rechnung getragen.
Schlussendlich soll noch festgehalten werden, dass es im europäischen Raum Gebiete gibt (z.B. Küstengebiete), wo einige im vorliegenden Pflanzenführer nicht genannte Arten auftreten. Die Vorstellung auch dieser Arten hätte aber den Rahmen dieses Werkes gesprengt.

Einführung

Aufbau der Laubblätter:

Die Laubblätter bestehen in den meisten Fällen aus einer flächenförmigen und meist grünen Spreite und vielfach aus einem stabförmigen Blattstiel. An seiner Verwachsungsstelle mit dem Spross liegt der Blattgrund. Dieser kann bei einzelnen Pflanzenarten verbreitert sein.
Beim Mäusedorn (Nr. 73) fehlt eine Blattspreite. Sie wird durch den blattartig verbreiterten Blattstiel ersetzt. Dass es sich bei ihm tatsächlich nicht um ein Blatt handelt, geht daraus hervor, dass er in den Achseln von Tragblättern steht und selber kleine schuppenförmige Blätter trägt, in deren Achseln Blüten entspringen.
In vielen botanischen Büchern werden Blattspreite und Blattstiel zusammen als Oberblatt und der Blattgrund als Unterblatt bezeichnet. Bei ungestielten Blättern ist der Spreitengrund direkt mit dem Spross verwachsen.
Am Spross können wir 3 Typen von Laubblättern unterscheiden:
1. Die Niederblätter sind einfache Blätter, die bei Gehölzen in der Regel nur

bei den Deckschuppen der Winterknospen zu finden sind.

2. Die Laubblätter bilden am Spross die Hauptmasse des Blattkleides.
3. Die Hochblätter sind einfache Blätter, die oberhalb der Laubblätter liegen. Wir finden sie besonders häufig in der Blütenregion. Da sie sehr oft gefärbt sind, ähneln sie den Blütenblättern.

Die Lebensdauer der Blätter kann sehr unterschiedlich sein:

1. Die einjährigen Blätter sind sommergrün, meist krautig und fallen nach Abschluss der 1. Vegetationsperiode ab.
2. Die wintergrünen Blätter fallen erst beim Austrieb der neuen Blätter ab.
3. Immergrüne Blätter fallen erst nach mehreren Vegetationsperioden ab. Da sie nicht alle gleichzeitig absterben, erscheint der Baum oder der Strauch immergrün.

Die Aderung (= Nervatur) der Laubblätter:

Bei den parallel- oder streifenaderigen Spreiten verlaufen die zahlreichen und gleich stark ausgebildeten Adern vom Spreitengrund bis zur Spitze parallel oder bogig. Eine dominierende Mittelader fehlt (Nr. 73: hier wird der verbreiterte - aber wie ein Blatt erscheinende - Blattstiel abgebildet). Diesen Typus finden wir vor allem bei einkeimblättrigen Pflanzen, wie Tulpen und Lilien.
Bei den netzaderigen- oder netznervigen Spreiten dominiert eine Mittelader. Von ihr aus verlaufen Adern 1. Ordnung zum Spreitenrand. Da sie durch kleine Adern miteinander verbunden sind, entsteht ein geschlossenes Ader- oder Nervennetz.
Eine abgewandelte Fiederaderung stellt die finger- oder handförmige Aderung dar. Sie kommt dadurch zustande, dass mehrere kräftige Seitenadern von der Basis aus wie Finger einer Hand in die Spreitenfläche hineinführen (z.B. bei Nr. 33).

Der Blattgrund:

Es ist derjenige Teil des Blattes, welcher mit der Sprossachse verbunden ist. Bei ungestielten Laubblättern handelt es sich um den Spreitengrund, bei gestielten um den Anfang des Blattstiels.
Bei vielen Pflanzenarten setzt sich der Blattgrund nicht scharf vom Blattstiel ab, sondern bildet an der Basis keine, oder nur eine schwache Verbreitung. Im Gegensatz dazu finden wir bei Rosengewächsen (u.a. Nr. 13–16) und anderen Familien mächtig entwickelte Nebenblätter, welche während der gesamten Lebensdauer der Blätter erhalten bleiben. Bei den Linden (Nr. 105–108), dem Haselstrauch (Nr. 117), der Hagebuche (Nr. 135) u.a.m. fallen sie frühzeitig ab und können damit nicht als Bestimmungsmerkmal verwendet werden. Bei der Robinie (Nr. 6) sind die Nebenblätter als Dornen ausgebildet.

Stellung der Laubblätter an der Sprossachse:

1. Wechselständig
Die Blätter stehen abwechselnd am Spross.

2. Gegenständig
Immer 2 Blätter stehen einander gegenüber.

3. Kreuzgegenständig
Die Blattpaare stehen kreuzweise übereinander.

4. Zweizeilig
Wechsel- oder gegenständig angeordnet; die Spreiten stehen in einer Ebene.

5. Quirlständig
Drei oder mehrere Blätter stehen in einem Quirl beisammen.

6. Büschelig
Die Blätter stehen zu mehreren oder zu vielen an einem Knoten.

Die Höhenstufen der Vegetation

Kolline Stufe (= Hügelstufe):

- Bis auf eine Höhe von 600 m im Mittelland, 700 m im Alpenvorland, 800 m und 900 m in den Zentral- und Südalpen.
- Mittlere Jahrestemperatur zwischen 8°C und 12°C.
- Dauer der Vegetationszeit über 250 Tage.
- Gekennzeichnet vor allem durch Laubmischwälder.
- In tieferen Lagen Eichen-Hagebuchenwälder, in wärmsten Gebieten auf kalkhaltigen Böden Flaumeichenwälder, in Trockengebieten Föhrenwälder, in höheren Lagen Buchenmischwälder.
- Alpensüdfuss auf kalkarmen Böden Eichenmischwälder; heute vielfach durch Kastanienwälder ersetzt.

Montane Stufe (Bergstufe):

- Bis auf eine Höhe von 1'200 m und 1'300 m auf der Alpennordseite, bis 1'300 m und 1'500 m in den Zentralalpen, bis 1'500 m und 1'700 m in den Südalpen.
- Mittlere Jahrestemperatur zwischen 4°C und 8°C.
- Dauer der Vegetationszeit über 200 Tage.
- Gekennzeichnet durch Buchen-, Buchen–Tannen- und Tannenwälder. Föhrenwälder in den Zentralalpen.
- In mehr kontinentalen Gebieten bildet die Fichte die natürliche Waldgrenze.

Subalpine Stufe (Gebirgsstufe):

- Bis auf eine Höhe von 1'700 m in den Nordalpen, bis 1'900 m und 2'400 m in den Zentralalpen, bis 1'800 m und 2'000 m in den Südalpen.
- Mittlere Jahrestemperatur zwischen 1°C und −2°C.
- Dauer der Vegetationszeit zwischen 100 und 200 Tage.
- Gekennzeichnet durch subalpine Fichtenwälder.
- In den inneren Alpenketten folgt über dem Fichtenwald der Arven-
- Lärchenwald; am Übergang zur alpinen Stufe wachsen Zwergstrauchgebüsche mit Alpenrose, Wacholder, Krähenbeere u.a.m.; Alpenerlen an feuchten und schattigen Stellen (meist nordexponierte Lagen); auf Kalkböden Bergföhrenwälder und Legföhrenbestände.

Alpine Stufe:

- Sie umfasst die baumlosen oberen Lagen der Alpen und reicht von der
- Baumgrenze bis zur natürlichen Schneegrenze (= Grenze, bei welcher im Sommer der Schnee auf horizontalen Flächen noch schmilzt).
- In vielen Büchern werden die Gebiete oberhalb der natürlichen Schneegrenze als nivale Stufe von der alpinen Stufe abgegrenzt.
- Klimatische Schneegrenze zwischen 2'400 m und 3'200 m.
- Dauer der Vegetationszeit unter 100 Tage.
- Gekennzeichnet in den unteren Lagen durch Zwergstrauchbestände (mit Alpenrose, Krähenbeere, Alpenazalee)) und darüber durch alpine Rasen, deren Artenzahl gegen die Gipfel zu immer mehr abnimmt.

1 Brombeere
Ronce
Blackberry
Rúbus fruticósus (Sammelart)

2 Blasenstrauch
Baguenaudier arborescent
Blatter-Senna
Colútea arbórescens L.

3 Himbeere
Framboisier
Raspberry
Rúbus idaéus L.

4 Strauchwicke
Coronille émérus
Scorpion Senna
Coronílla émerus L.

5 Walnussbaum
Noyer
Walnut
Júglans régia L.

6 Robinie, Falsche Akazie
Robinier faux-acacia
False acacia
Robínia pseudoacácia L.

7 Vogelbeerbaum
Sorbier des oiseleurs
Rowan
Sórbus aucupária L.

8 Speierling
Sorbier domestique
Service-Tree
Sórbus doméstica L.

9 Blumen-Esche
Frêne orne
Flowering Ash
Fráxinus órnus L.

10 Gewöhnliche Esche
Frêne commun
Ash
Fráxinus excélsior L.

11 Trauben-Holunder
Sureau à grappes
Red-berried Elder
Sambúcus racemósa L.

12 Schwarzer Holunder
Sureau noir
Elder
Sambúcus nígra L.

13 Alpen-Hagrose
Rosier des alpes
Alpine Rose
Rósa pendulína L.

14 Hunds-Rose
Rosier des chiens
Dog Rose
Rósa canína L.

15 Apfel-Rose
Rosier pommier
Apple Rose
Rósa villósa L.

16 Filzige Rose
Rosier tomenteux
Downy Rose
Rósa tomentósa Sm.

17 Gemeine Waldrebe
Clématite blanche
Traveller's joy
Clématis vitálba L.

18 Alpen-Goldregen
Aubours des Alpes
Alpine Laburnum
Labúrnum alpínum (Miller) Presl

19 Alpen-Rebe
Clématite des Alpes
Alpine Clematis
Clématis alpína (L.) Miller

20 Gewöhnlicher Goldregen
Faux-ébénier
Laburnum
Labúrnum anagyroídes Med.

21 Strauch-Rosskastanie
Pavia blanc
Buckeye
Aesculus parviflóra Walt.

22 Gelbe Pavie
Pavia jaune
Yellow Buckeye
Aesculus octándra Marsh.

23 Gemeine Rosskastanie
Marronnier commun
Horse Chestnut
Aesculus hippocástanum L.

24 Fleischrote Rosskastanie
Marronnier à fleurs rouges
Red Horse Chestnut
Aesculus cárnea Hayne

25 Tulpenbaum
Tulipier
Tulip Tree
Liriodéndron tulipiféra L.

26 Eingriffliger Weissdorn
Aubépine à un style
Hawthorn
Crataégus monógyna Jacq.

27 Zweigriffliger Weissdorn
Aubépine épineuse
Midland Hawthorn
Crataégus laevigáta (Poiret) DC.

28 Echter Feigenbaum
Figuier
Fig
Fícus cárica L.

29 Spitz-Ahorn
Erable plane
Norway Maple
Acer platanoídes L.

30 Stachelbeere
Groseillier épineux
Gooseberry
Ríbes úva-críspa L.

31 Bastard Platane
Platane
London Plane
Plátanus x acerifólia Willd.

32 Alpen-Johannisbeere
Groseillier des Alpes
Mountain Currant
Ríbes alpínum L.

33 Berg-Ahorn
Sycomore
Sycamore
Acer pseudoplátanus L.

34 Feld-Ahorn
Erable champêtre
Field Maple
Acer campéstre L.

35 Schneeballblättriger Ahorn
Erable à feuilles d'Obier
Italian Maple
Acer ópalus Miller

36 Franz. Massholder
Erable de Montpellier
Montpelier Maple
Acer monspessulánum L.

37 Gemeiner Schneeball
Viorne obier
Guelder Rose
Vibúrnum ópulus L.

38 Schwarze Johannisbeere
Cassis
Black Currant
Ríbes nígrum L.

39 Rote Johannisbeere
Groseillier rouge
Red Currant
Ríbes rúbrum L.

40 Efeu
Lierre
Ivy
Hédera hélix L.

41 Silberpappel
Peuplier blanc
White Poplar
Pópulus álba L.

42 Elsbeerbaum
Sorbier antidysentérique
Wild service tree
Sórbus torminális (L.) Crantz

43 Schwedische Mehlbeere
Sorbier de Scandinavie
Swedish Whitebeam
Sórbus intermédia (Ehrh.) Pers.

44 Breitblättrige Mehlbeere
Alisier de Fontainebleau
Broad-leaved Whitebeam
Sórbus latifólia (Lam.) Pers.

45 Stiel-Eiche
Chêne Rouvre
Pedunculate Oak
Quércus róbur L.

46 Flaum-Eiche
Chêne pubescent
Downy Oak
Quércus pubéscens Willd.

47 Trauben-Eiche
Chêne noir
Sessile Oak
Quércus petraéa (Matt.) Liebl.

48 Zerr-Eiche
Chêne chevelu
Turkey Oak
Quércus cérris L.

49 Bewimperte Alpenrose
Rhododendron cilié
Hairy Alpenrose
Rhododéndron hirsútum L.

50 Glockenheide
Bruyère tétragone, Caminet
Cross-leaved Heath
Eríca tetrálix L.

51 Rostblättrige Alpenrose
Rhododendron ferrugineux
Alpenrose
Rhododéndron ferrugíneum L.

52 Zwittrige Krähenbeere
Camerine hermaphrodite
Crowberry
Empetrum hermaphrodítum

53 Schneeheide
Bruyère carnée
Spring Heath
Eríca herbácea L.

54 Baumheide
Bruyère
Tree Heath
Eríca arbórea L.

55 Alpen-Azalee
Azalée des Alpes
Wild Azalea
Loiseleúria procúmbens (L.) Desv.

56 Wanderheide
Bruyère vagabonde
Cornish Heat
Eríca vágans L.

57 Besenheide
Fausse-bruyère
Ling
Callúna vulgáris (L.) Hull.

58 Gemeine Moosbeere
Canneberge
Cranberry
Vaccínium oxycóccus L.

59 Rosmarinheide
Andromède à feuilles de polium
Bog Rosemary
Andrómeda polifólia L.

60 Rosmarin
Rosmarin officinal
Rosemary
Rosmarínus officinális L.

61 Lorbeer-Seidelbast
Laurier des bois
Spurge Laurel
Dáphne laureóla L.

62 Gemeiner Seidelbast
Bois-gentil
Mezereon
Dáphne mezéreum L.

63 Flaumiger Seidelbast
Daphné
Garland Flower
Dáphne cneórum L.

64 Alpen-Seidelbast
Daphné des Alpes
Alpine Mezereon
Dáphne alpína L.

65 Moorbeere
Airelle des marais
Bog Bilberry
Vaccínium uliginósum L.s.l.

66 Sanddorn
Argousier
Sea-Buckthorn
Hippóphaë rhamnoídes L.

67 Behaarter Ginster
Genêt poilu
Hairy Greenweed
Genísta pilósa L.

68 Preiselbeere
Airelle roge
Cowberry
Vaccínium vítis-idaéa L.

69 Ginkgo, Silberbaum
Ginkgo
Maidenhair tree
Gínkgo bíloba L.

70 Buchs
Buis
Box
Búxus sempervírens L.

71 Netz-Weide
Saule à réseau
Net-leaved Willow
Sálix reticuláta L.

72 Stumpfblättrige Weide
Saule à feuilles émoussées
Blunt-leaved Willow
Sálix retúsa L.

73 Mäusedorn
Fragon piquant
Butcher's-broom
Rúscus aculeátus L.

74 Liguster
Troène vulgaire
Wild Privet
Ligústrum vulgáre L.

75 Kirsch-Lorbeer
Laurier cerise
Cherry Laurel
Prúnus laurocérasus L.

76 Oleander
Laurier rose
Oleander
Nérium oleánder L.

77 Mistel
Gui
Mistletoe
Víscum álbum L.

78 Lorbeerbaum
Laurier vrai
Laurel
Láurus nóbilis L.

79 Ölbaum
Olivier
Olive
Olea europáea L.

80 Immergrüne Bärentraube
Raisin-d'ours commun
Bearberry
Arctostáphylos úva-úrsi (L.)

81 Flieder
Lilas
Lilac
Syrínga vulgáris L.

82 Spiessblättrige Weide
Saule hasté
Large-stipuled Willow
Sálix hastáta L.

83 Quittenbaum
Cognassier à fleurs
Quince
Cydónia oblónga Mill.

84 Gewöhnliche Steinmispel
Cotonéaster à feuilles entières
Common Cotoneaster
Cotoneáster integérrimus Med.

85 Filzige Steinmispel
Cotonéaster tomenteux
Cotoneaster
Cotonéaster tomentósus (Ait.)

86 Rot-Buche
Hêtre des bois
Beech
Fágus sylvática L.

87 Roter Hornstrauch
Cornouiller sanguin
Dogwood
Córnus sanguínea L.

88 Kornelkirsche
Cornouiller mâle
Cornelian Cherry
Córnus más L.

89 Orange, Apfelsine
Oranger
Orange
Cítrus sinénsis (L.) Pers.

90 Zitrone
Citronnier
Lemon
Cítrus límon (L.) Burm.

91 Garten- oder Tulpenmagnolie
Magnolia
Garden Magnolia
Magnólia x soulangiána Soul.

92 Immergrüne Magnolie
Magnolia à grandes fleurs
Evergreen Magnolia
Magnólia grandiflóra L.

93 Schwarzes Geissblatt
Chèvrefeuille noir
Black-berried Honeysuckle
Lonícera nígra L.

94 Rotes-Geissblatt
Chèvrefeuille des haies; Camérisier; Fly Honeysuckle
Lonícera xylósteum L.

95 Alpen-Geissblatt
Chèvrefeuille des Alpes
Alpine Honeysuckle
Lonícera alpígena L.

96 Blaues Geissblatt
Chèvrefeuille bleu
Blue-berried Honeysuckle
Lonícera coerúlea L.

97 Garten-Geissblatt
Chèvrefeuille des jardins
Perfoliate Honeysuckle
Lonícera caprifólium L.

98 Faulbaum, Pulverholz
Bourdaine
Alder Buckthorn
Rhámnus frángula L.

99 Windendes Geissblatt
Chèvrefeuille des bois
Honeysuckle
Lonícera periclymenum L.

100 Breitblättriges Pfaffenhütchen
Fusain à larges feuilles
Broad-leaved Spindle
Euónymus latifólia (L.) Mill.

101 Steineiche
Chêne vert
Evergreen Oak
Quércus ílex L.

102 Stechpalme
Houx
Holly
Ilex aquifólium L.

103 Edelkastanie
Châtaignier cultivé
Sweet Chestnut
Castánea satíva Miller

104 Europäischer Stechginster
Ajonc d'Europe
Gorse
Ulex europáeus L.

105 Silberlinde
Tilleul argenté
Silver Lime
Tília tomentósa Moench

106 Sommer-Linde
Tilleul à larges feuilles
Large-leaved Lime
Tília platyphyllos Scop.

107 Krimlinde
Tilleul de Crimée
Caucasian Lime
Tília x euchlóra K. Koch

108 Winter-Linde
Tilleul à petites feuilles
Small-leaved Lime
Tília cordáta Miller

109 Kanadische Pappel
Peuplier du Canada
Hybrid Black Poplar
Pópulus x canadénsis Moench

110 Schwarz-Pappel
Peuplier noir
Black Poplar
Pópulus nígra L.

111 Pyramiden-Pappel
Peuplier élancée
Lombardy Poplar
Pópulus nígra ssp. itálica

112 Hänge-Birke
Bouleau blanc
Silver Birch
Bétula péndula Roth

113 Zitter-Pappel
Tremble
Aspen
Pópulus trémula L.

114 Berberitze
Epine-vinette
Barberry
Bérberis vulgàris L.

115 Silber-Pappel
Peuplier blanc
White Poplar
Pópulus álba L.

116 Silberwurz
Chênette, Dryade à huit pétales
Mountain Avens
Dryas octopétala L.

117 Haselstrauch
Coudrier, Noisetier
Hazel
Córylus avellána L.

118 Zwerg-Birke
Bouleau nain
Dwarf Birch
Bétula nána L.

119 Nordische Birke, Strauch-Birke
Bouleau humble
Shrubby Birch
Bétula húmilis Schrank

120 Schwarz-Erle
Aune glutineux
Common Alder
Alnus glutinósa (L.) Gaertner

121 Berg-Ulme
Orme montagnard, O. rude
Wych Elm
Ulmus glábra Huds.

122 Flatter-Ulme
Orme pédonculé
Fluttering Elm
Ulmus láevis Pall.

123 Feld-Ulme
Orme champêtre
Small-leaved Elm
Ulmus mínor Miller

124 Mehlbeerbaum
Alisier blanc
Whitebeam
Sórbus ária (L.) Crantz

125 Sal-Weide
Saule des chèvres, Marsault
Goat Willow
Sálix cáprea L.

126 Gagelstrauch
Galé odorant
Bog Myrtle
Myríca gále L.

127 Grau-Weide
Saule cendré
Grey Willow
Sálix cinérea L.

128 Felsen-Kreuzdorn
Nerprun des rochers
Rock Buckthorn
Rhámnus saxátilis Jacq.

129 Apfelbaum
Pommier
Apple Tree
Málus sylvéstris ssp. doméstica

130 Grau-Erle
Aune blanc
Grey Alder
Alnus incána (L.) Moench

131 Birnbaum
Poirier
Pear-Tree
Pyrus commúnis L.

132 Heidelbeere
Myrtille
Bilberry
Vaccínium myrtíllus L.

133 Felsenmispel
Amélanchier à feuilles ovales
Service Berry
Amelánchier ovális Medikus

134 Moor-Birke
Bouleau pubescent
Downy Birch
Bétula pubéscens Ehrh.

135 Hagebuche
Charme, Charmille
Hornbeam
Cárpinus bétulus L.

136 Hopfenbuche
Charme houblon
Hop Hornbeam
Ostrya carpinifólia Scop.

137 Grün-Erle
Aune vert
Green Alder
Alnus víridis (Chaix) DC.

138 Zwerg-Kreuzdorn
Nerprun nain
Dwarf Buckthorn
Rhámnus púmilus Turra

139 Alpen-Kreuzdorn
Nerprun des Alpes
Alpine Buckthorn
Rhámnus alpínus L.

140 Gemeiner Kreuzdorn
Nerprun purgatif
Buckthorn
Rhámnus cathárticus L.

141 Traubenkirsche
Merisier à grappes
Bird Cherry
Prúnus pádus L.

142 Felsenkirsche
Faux-merisier
St. Lucie Cherry
Prúnus máhaleb L.

143 Schwarzdorn
Prunellier
Blackthorn
Prúnus spinósa L.

144 Süsskirsche
Cerisier, Merisier
Wild Cherry, Gean
Prúnus ávium L.

145 Zwergmispel
Alisier nain
False Medlar
Sórbus chamaeméspilus Crantz

146 Pfaffenhütchen
Fusain d'Europe
Spindle-Tree
Euónymus europaéa L.

147 Mispel
Néflier d'Allemagne
Medlar
Méspilus germánica L.

148 Wolliger Schneeball
Viorne lantane
Wayfaring Tree
Vibúrnum lantána L.

149 Alpen-Bärentraube
Raisin d'ours des Alpes
Alpine Bearberry
Arctostáphylos alpína (L.)

150 Bruch-Weide
Saule fragile
Crack Willow
Sálix frágilis L.

151 Silber-Weide
Saule blanc
White Willow
Sálix álba L.

152 Purpur-Weide
Osier rouge
Purple Willow
Sálix purpúrea L.

1 Gemeine Brombeere – Rúbus fruticósus (eine formenreiche Sippe)

Merkmale: Von Mai bis August blühender, sommergrüner, stark dorniger, buschiger, niederliegender oder bis 2 m hoher Strauch.
Standort: Meist in der kollinen und montanen Stufe in Laub- und Nadelwäldern, Waldlichtungen, Hecken, an Wald- und Wegrändern und auf Waldschlägen; eine Waldboden bereitende Pionierpflanze.
Laubblätter: 5–15 cm lang, unpaarig gefiedert und mit 3, 5 oder 7 Fiederblättern; diese sind breit elliptisch bis verkehrt eiförmig, 2–8 cm lang, 3–6 cm breit, zugespitzt, oberseits meist dunkelgrün und glänzend, unterseits graugrün, einfach und doppelt gezähnt, anfangs mehr oder weniger dicht behaart und gegen Mitte des Jahres verkahlend; Hauptadern unterseits bewehrt; Laubblätter wechselständig angeordnet.
Zweige: Junge Zweige lichtseits dunkelrot, schattenseits grün, bestachelt und mit Drüsenhaaren versehen; ältere Zweige dunkelbraun.

2 Blasenstrauch – Colútea arboréscens L.

Merkmale: Im Mai blühender, sommergrüner, dornenloser, reichverzweigter Strauch mit grünen Ästen und einer Wuchshöhe von 2–4 m.
Standort: Meist in der kollinen Stufe in Hecken, lichten Gehölzen, an den Rändern von Flaumeichenwäldern und auf trockenen Felshängen; besonders in Südeuropa und Nordafrika; Verbreitungsschwerpunkt im Mittelmeerraum.
Laubblätter: 4–10 cm lang, unpaarig gefiedert, mit 3–6 Paaren von Fiederblättern; diese sind elliptisch bis verkehrt eiförmig, 1–3,5 cm lang, 0,5–2 cm breit, kurz gestielt, oberseits mittel- bis blaugrün, kahl, unterseits anfangs weissfilzig, später verkahlend und daher graugrün; Endfiederblatt lang gestielt; alle Fiederblätter ganzrandig und am Ende deutlich ausgeran[illegible] Basis der Fiederblätter breit keilförmig; Laubblätter wechselständig ange[illegible]
Zwei[illegible] anfangs grünlich, später grau bis bräunlich.

[illegible]beere – Rúbus idaéus L.

Merkmale: Von Mai bis Juni blühender, sommergrüner, schwach dorniger Strauch mit unterirdischen Ausläufern und einer Wuchshöhe von 2 m.
Standort: Von der kollinen bis in die subalpine (seltener alpinen) Stufe in Waldschlägen, Gärten, Hochstaudenfluren, Steinschutthalden, Gebüschen, an Dämmen und Mauern; ein Waldpionier, der mit Kriechwurzeln und Wurzelbrut bodenlockernd wirkt.
Laubblätter: 5–15 cm lang, unpaarig gefiedert, mit 3 (an Blütentrieben), 5 oder seltener 7 Fiederblättern; diese sind elliptisch bis breit eiförmig, 6–10 cm lang, mit Ausnahme des Endfiederblattes sitzend, oberseits dunkelgrün, fein behaart, später verkahlend und unterseits dicht silbern weissfilzig; alle Fiederblätter einfach und oft noch doppelt gesägt; Basis der Fiederblätter herzförmig, abgerundet oder breit keilförmig; Laubblätter wechselständig angeordnet.
Zweige: Junge Zweige grün; im 2. Jahr verholzt, gelbbraun bis dunkelbraun.

4 Strauchwicke – Coronílla émerus L.

Merkmale: Von Mai bis Juli blühender, sommergrüner, dicht verzweigter Strauch von 30–100 cm Wuchshöhe.
Standort: In der kollinen und montanen Stufe in lichten Eichen- und Kiefernwäldern auf sommerwarmen, trockenen und kalkreichen Felshängen.
Laubblätter: 2–6 cm lang, unpaarig gefiedert, mit 7 oder 9 Fiederblättern; diese sind verkehrt eiförmig, 1–2 cm lang, 0,5–1 cm breit, kurz gestielt oder sitzend (Endfieder ungestielt), oberseits dunkelgrün und kahl, unterseits graugrün und anfangs anliegend behaart; alle Fiederblätter ganzrandig; Basis der Fiederblätter schmal- bis breitkeilförmig verschmälert; Ende der Fiederblätter ausgerandet, seltener rund oder stachelspitzig; Blattstiel bis 1 cm lang; Laubblätter wechselständig angeordnet.
Zweige: Junge Zweige grün, vierkantig oder bei Langtrieben sechskantig; die älteren Zweige graubraun.

5 Walnussbaum – Júglans régia L.

Merkmale: Von April bis Mai blühender, sommergrüner Baum mit einer Wuchshöhe von 30 m.
Standort: In der kollinen und montanen Stufe in den mildesten Lagen von Eichen-, Ulmen- und Ahorn-Linden-Hangwäldern; oft auch bei Bauernhöfen angepflanzt; der Baum stammt aus dem Balkan und aus Südeuropa.
Laubblätter: 20–50 cm lang, unpaarig gefiedert, mit 2–4 Paaren von Fiederblättern; diese sind länglich elliptisch bis länglich eiförmig, 6–15 cm lang, zugespitzt, beim Blattaustrieb braun-orange gefärbt, oberseits später glänzend mittel- bis dunkelgrün und kahl, unterseits heller grün, ganzrandig und mit Ausnahme des Endfiederblattes sitzend; Stiel des Blattes bis 20 cm lang und am Grunde verdickt; Laubblätter wechselständig angeordnet.
Zweige: Junge Zweige olivgrün, glänzend und mit durchgehend gefächertem Mark.

6 Robinie, Falsche Akazie – Robínia pseudoacácia L.

Merkmale: Im Mai blühender, sommergrüner Baum; Zweige stark dornig.
Standort: Besonders in der kollinen Stufe in Gärten und Parkanlagen angepflanzt; in lichten Wäldern, an Dämmen und auf Schuttplätzen verwildert; bevorzugt trockene und sandige Böden in milden Lagen; um 1640 durch den französischen Botaniker JEAN ROBIN aus Nordamerika nach Europa eingeführt.
Laubblätter: 15–30 cm lang, unpaarig gefiedert, mit 3–12 Paaren von Fiederblättern; diese sind länglich elliptisch bis eiförmig, 3–6 cm lang, am Ende abgerundet, stumpf oder undeutlich ausgerandet, kurz aber deutlich gestielt, oberseits matt frischgrün bis blaugrün, unterseits graugrün und nur anfangs behaart, ganzrandig; Stiel des Blattes 3–4 cm lang und am Grunde knotig verdickt; Laubblätter wechselständig angeordnet.
Zweige: Junge Zweige kantig, grün bis rotbraun und mit dunk[illegible] bis schwarzen Flächen versehen; ältere Zweige hell- bis dunkelbraun und kantig.

7 Vogelbeerbaum – Sórbus aucupária L.

Merkmale: Von Mai bis Juni blühender, sommergrüner Strauch oder nicht selten mehrstämmiger Baum von 2–10 m Wuchshöhe; Pionierpflanze.
Standort: Von der kollinen bis in die subalpine (seltener alpinen) Stufe in lichten Laub-, Fichten- und Arvenwäldern, Waldschlägen, im Grünerlengebüsch, an felsigen Hängen und auf Schutt; bevorzugt trockene bis feuchte und etwas saure Böden.
Laubblätter: 10–20 cm lang, 8–11 cm breit, unpaarig gefiedert, mit 4–9 Paaren von Fiederblättern; diese sind länglich lanzettlich, 2–6 cm lang, am Ende zugespitzt, sitzend oder sehr kurz gestielt (Endfieder länger gestielt), oberseits dunkelgrün und kurz nach dem Austrieb grausilbrig behaart, unterseits filzig graugrün, im unteren Bereich meist ganzrandig, im oberen Teil grob gesägt; Stiel des Blattes 2–3 cm lang und oberseits rötlich und grünlich gefärbt; Laubblätter wechselständig angeordnet.
Zweige: Junge Zweige lichtseits grauschwarz, schattenseits ocker.

8 Speierling – Sórbus doméstica L.

Merkmale: Von Mai bis Juni blühender, sommergrüner Baum
Standort: In der kollinen Stufe in trockenen Eichen-, Hainbuchen- und Flaumeichenwäldern; besonders in Südeuropa und Nordafrika heimischer Baum, der wegen den geniessbaren Früchten auch angebaut wird.
Laubblätter: 10–25 cm lang, unpaarig gefiedert, mit 5–10 Paaren von Fiederblättern; diese sind schmal elliptisch, 3–8 cm lang, bis 2 cm breit, am Ende kurz zugespitzt, sitzend oder kurz gestielt, oberseits dunkelgrün und kahl, unterseits heller grün und besonders den Adern entlang flockig behaart, im unteren Drittel nahezu ganzrandig, im oberen Bereich einfach bis doppelt gesägt; Stiel des Blattes 3–5,5 cm lang; Laubblätter wechselständig angeordnet.
Zweige: Junge Zweige grünlich bis bräunlich und fein seidig behaart; ältere Zweige graubraun bis braun und kahl.

9 Blumen-Esche – Fráxinus órnus L.

Merkmale: Von April bis Juni blühender, sommergrüner, 20–25 m hoher Baum; vielfach bleibt er unter 10 m und weist dann viele Stämme auf; die Krone ist licht, locker und rundlich gewölbt.
Standort: In der kollinen (seltener montanen) Stufe an sonnigen, buschigen, trockenen Hängen und in Laubwäldern; vor allem in Südeuropa als Zier- und Strassenbaum angepflanzt; stammt aus dem östlichen Mittelmeergebiet.
Laubblätter: 15–30 cm lang, unpaarig gefiedert, mit 3–5 Paaren von Fiederblättern; diese sind länglich eiförmig, 3–7 cm lang, bis 2,5 cm breit, gestielt, zugespitzt, oberseits mittelgrün bis dunkelgrün und kahl, unterseits heller grün, kahl und besonders entlang der Mittelader rötlichbraun oder bräunlichweiss behaart und unregelmässig gesägt oder gezähnt; Laubblätter gegenständig angeordnet.
Zweige: Junge Zweige rundlich bis vierkantig, grün, später olivgrün bis graubraun.

10 Gewöhnliche Esche – Fráxinus excélsior L.

Merkmale: Von April bis Mai blühender, sommergrüner Baum von 20–30 m Wuchshöhe (seltener bis 40 m).
Standort: In der kollinen und montanen Stufe in Auen-, Schlucht- und Laubmischwäldern, entlang von Bächen und Flüssen, aber auch an steinigen und trockenen Hängen auf tiefgründigen, nährstoffreichen und feuchten Lehmböden (Wasseresche) oder lockeren, nährstoffreichen und kalkhaltigen Böden (Kalkesche).
Laubblätter: 20–30 cm lang, unpaarig gefiedert, mit 3–7 Paaren von Fiederblättern; diese sind oval bis eiförmig, 4–10 cm lang, 2–3 cm breit, mit Ausnahme der Endfieder ungestielt oder nur kurz gestielt, oberseits dunkelgrün und kahl, unterseits heller grün und entlang der Adern besonders anfangs braunrot behaart und mit ungleich gesägtem Rand (im unteren Teil mehrheitlich ganzrandig); Laubblätter gegenständig angeordnet.
Zweige: Junge Zweige rundlich bis oval und graugrün bis olivgrün.

11 Roter- oder Trauben-Holunder – Sambúcus racemósa L.

Merkmale: Von April bis Mai blühender, sommergrüner Strauch von ungefähr 2 m (seltener bis 4 m) Wuchshöhe.
Standort: Von der kollinen bis in die subalpine Stufe in Waldlichtungen, schattigen Wäldern, auf Blockschutt und Felsen auf feuchten, nährstoffreichen und meist kalkarmen Böden.
Laubblätter: 10–25 cm lang, unpaarig gefiedert, mit 2–3 Paaren von Fiederblättern; diese sind lanzettlich bis schmal eiförmig, 4–8 cm lang, bis 3,5 cm breit, lang zugespitzt, mit Ausnahme des Endfiederblattes sitzend oder nur kurz gestielt, oberseits dunkelgrün und kahl, unterseits bläulich graugrün und anfangs behaart und unregelmässig gesägt; Basis der Fiederblätter keilförmig verschmälert oder abgerundet; Laubblätter gegenständig angeordnet.
Zweige: Junge Zweige olivgrün bis dunkelbraun, kahl und mit braunrotem Mark.

12 Schwarzer Holunder – Sambúcus nígra L.

Merkmale: Von Mai bis Juli blühender, sommergrüner Strauch oder bis 7 m hoher Baum.
Standort: In der kollinen und montanen Stufe in Auenwäldern, feuchten Waldlichtungen, Gärten, an Ufern, Waldrändern und Zäunen auf frischen, tiefgründigen und nährstoffreichen Böden.
Laubblätter: 10–30 cm lang, unpaarig gefiedert, mit meist 2, seltener 3 Paaren von Fiederblättern; diese sind elliptisch, 10–15 cm lang, 3–5 cm breit, sitzend (oberes Fiederblattpaar) und gestielt (Endfieder und unteres Fiederblattpaar), oberseits dunkelgrün und kahl, unterseits bläulich- bis blaugrün und unregelmässig grob gesägt; Laubblätter gegenständig angeordnet.
Zweige: Junge Zweige oliv bis graubraun, kahl, kantig und im Innern mit weissem Mark.

13 Alpen-Hagrose – Rósa pendulína L.

Merkmale: Von April bis Mai blühender, sommergrüner Strauch von 0,5–3 m Höhe.
Standort: Von der kollinen bis in die alpine Stufe in Schluchten, lichten Buchen- und Nadelwäldern, Zwergstrauchheiden, Hochstaudenfluren, entlang von Wald- und Felsrändern und alpinen Grasmatten; oft auf trockenen bis feuchten und steinigen Böden.
Laubblätter: 5–10 cm lang, unpaarig gefiedert, mit 3–5 Paaren von Fiederblättern; diese sind länglich elliptisch, seltener oval oder rundlich, 1–4 cm lang, bis 2,5 cm breit, kurz zugespitzt, oberseits matt dunkelgrün, unterseits heller grün, beiderseits kahl und meist doppelt gesägt (Zähne fein zugespitzt und mit Stieldrüsen); Blattstiel bis 3 cm lang und mit feinen Stieldrüsen; Nebenblätter lang, schmal, nach oben verbreitert, zugespitzt und auswärts gespreizt; Laubblätter wechselständig angeordnet.
Zweige: Junge Zweige lichtseits rötlich, schattenseits grünlich; ältere Zweige bräunlich und bogig überhängend.

14 Hunds-Rose – Rósa canína L. (formenreiche Art).

Merkmale: Im Juni blühender, sommergrüner, lockerästiger Strauch von 2–3 m Höhe.
Standort: In der kollinen und montanen (seltener subalpinen) Stufe in Hecken, Waldlichtungen und auf nicht mehr bewirtschafteten Wiesen und Weiden.
Laubblätter: 6–11 cm lang, unpaarig gefiedert, mit 5 oder 7 Paaren von Fiederblättern; diese sind eiförmig bis elliptisch, 2–4 cm lang, bis 2,5 cm breit, sitzend oder sehr kurz gestielt (Endfiederblatt lang gestielt), oberseits matt- bis dunkelgraugrün und meist kahl, unterseits bläulichgrün und oft fein seidig behaart und mehr oder weniger gleichmässig einfach, mitunter auch doppelt gesägt; Zähne nach vorn gerichtet; Blattstiel bis 4 cm lang, etwas bestachelt, oft mit Stieldrüsen und an der Basis verbreitert; Nebenblätter schmal, zugespitzt und auf die Seite gespreizt; Laubblätter wechselständig angeordnet.
Zweige: Junge Zweige schattenseits grün, lichtseits rötlich; Äste aufrecht oder bogig.

15 Apfel-Rose – Rósa villósa L.

Merkmale: Im Juni blühender, sommergrüner Strauch von 0,5–2 m Wuchshöhe.
Standort: In der montanen und subalpinen Stufe in Hecken und an felsigen Hängen.
Laubblätter: 4–9 cm lang, unpaarig gefiedert, mit 2 oder 3 Paaren von Fiederblättern (seltener mit 3 oder 9 Fiederblättern); diese sind elliptisch oder länglich elliptisch, 1 bis 4 cm lang, bis 2 cm breit, mit Ausnahme des Endfiederblattes sitzend, oberseits graugrün bis dunkelgrün und anliegend behaart, unterseits heller grün und dicht anliegend behaart (mit zahlreichen Stieldrüsen und etwas harzig) und doppelt gesägt (Zähne breit und mit Drüsen versehen); Blattstiel bis 3 cm lang, meist mit Stieldrüsen; Nebenblätter klein, schmal, oben verbreitert und einwärts gekrümmt; Laubblätter wechselständig angeordnet.
Zweige: Junge Zweige grün oder rötlich und anfangs etwas bereift; ältere Zweige bogig überhängend.

16 Filzige-Rose – Rósa tomentósa Sm.

Merkmale: Von Juni bis Juli blühender, sommergrüner Strauch von 0,5–2 m Höhe.
Standort: In der kollinen und montanen Stufe verbreitet in lichten Hecken und entlang von Waldrändern.
Laubblätter: 5–10 cm lang, unpaarig gefiedert, mit 2 oder 3 Paaren von Fiederblättern; diese sind breit oval bis elliptisch, 2–4 cm lang, bis 2,5 cm breit, an der Spitze abgerundet oder zugespitzt, sitzend oder kurz gestielt (Endfiederblatt lang gestielt), oberseits dunkelgrün und anliegend behaart, unterseits heller grün, weichhaarig filzig, mit oder ohne Drüsen und mit einfach- oder doppelt gezähntem Rand; Zähne sehr gross, breit und zugespitzt; Blattstiel bis 3 cm lang, filzig behaart, meist mit sitzenden Drüsen und hakigen Stacheln; Nebenblätter zugespitzt und etwas abgewinkelt; Laubblätter wechselständig angeordnet.
Zweige: Junge Zweige bläulich bereift; ältere Zweige bräunlich, bogig überhängend.

17 Gemeine Waldrebe – Clématis vitálba L.

Merkmale: Von Juli bis August blühende, sommergrüne, in bis 10 m Höhe emporkletternde, raschwüchsige Schlingpflanze.
Standort: In der kollinen und montanen (seltener subalpinen) Stufe häufig in Auenwäldern, Hecken, entlang von feuchten Waldrändern und an schattigen Hängen auf nährstoffreichen Böden.
Laubblätter: 3–10 cm lang, unpaarig gefiedert, mit 3 oder 5 Fiederblättern; diese sind spitz eiförmig, 3–5 cm lang, bis 4 cm breit, gestielt, am Ende stumpflich oder kurz zugespitzt, an der Basis herzförmig, oberseits dunkelgrün, unterseits heller grün oder graugrün, im oberen Drittel ganzrandig, im unteren Teil grob gezähnt oder gelappt; Laubblätter gegenständig angeordnet.
Zweige: Junge Zweige grün, krautig, später graubraun mit einer längsrissigen Aussenrinde.

18 Alpen-Goldregen – Labúrnum alpínum (Miller) Bercht et J.S. Presl.

Merkmale: Von Mai bis Juni blühender, sommergrüner Strauch oder kleiner Baum mit einer Wuchshöhe von 5 m; Kulturformen bis 10 m hoch.
Standort: Von der kollinen bis in die subalpine Stufe in lichten Wäldern, an Felshängen und auf Kahlschlägen in warmen, feuchten Lagen.
Laubblätter: 8–16 cm lang, 3zählig gefingert und mit einem 5–9 cm langen und kahlen oder abstehend behaarten Stiel; Fiederblätter schmal eiförmig bis schmal elliptisch, 3–8 cm lang, bis 4,5 cm breit, sitzend, am Ende zugespitzt, an der Basis keilförmig verschmälert oder abgerundet, oberseits dunkelgrün und meist kahl, unterseits heller grün und besonders der Mittelader entlang behaart und ganzrandig mit in der Jugend zahlreichen bis 1 mm langen Haaren; Laubblätter an den Langtrieben wechselständig-, an den seitlichen Kurztrieben büschelig angeordnet.
Zweige: Junge Zweige grün, durch sich bald abhebende Epidermis graugrün.

19 Alpen-Rebe – Clématis alpína (L.) Miller

Merkmale: Von Mai bis Juli blühende, sommergrüne, bis 3 m hoch kletternde Schlingpflanze.
Standort: Meist in der subalpinen (seltener montanen) Stufe in kraut- und strauchreichen, halbschattigen Nadelwäldern, strauchigen Hochstaudenfluren, im Alpenrosen-Legföhrengebiet und an Felsen.
Laubblätter: 10–15 cm lang, unpaarig gefiedert, mit 3 Fiederblättern; diese sind 2–3teilig; Abschnitte der Fiederblätter sind schmal eiförmig, 2–4 cm lang, 1 bis 2 cm breit, am Ende jeweils lang zugespitzt, an der Basis abgerundet oder unregelmässig herzförmig, oberseits mittelgrün bis dunkelgrün, unterseits heller grün, beiderseits behaart und am Rand fein, grob und auch tief gesägt; Laubblätter gegenständig angeordnet.
Zweige: Junge Zweige braunrot, fein behaart und später grauschwarz.

20 Gewöhnlicher Goldregen – Labúrnum anagyroídes Med.

Merkmale: Von Mai bis Juni blühender, sommergrüner oder bis 7 m hoher Baum; Kulturformen oft bis 9 m hoch; alle Teile der Pflanze sind giftig.
Standort: In der kollinen und montanen (seltener subalpinen) Stufe in lichten Busch- und Kiefernwäldern, an Felsen und auf steinigen Hügeln.
Laubblätter: 6–12 cm lang, 3zählig gefingert und mit einem 2–7 cm langen und angedrückt seidenhaarigen Stiel; Fiederblätter breit elliptisch bis verkehrt eiförmig, 1,5–8 cm lang, bis 3 cm breit, sitzend, oberseits dunkelgrün und kahl, unterseits bläulich- oder graugrün und wie die Blattstiele angedrückt behaart, am Ende abgerundet und meist mit einer kurzen Spitze, an der Basis meist breit keilförmig und ganzrandig; Laubblätter an den Langtrieben wechselständig-, an den seitlichen Kurztrieben büschelig angeordnet.
Zweige: Junge Zweige lichtseits rotbraun bis rotviolett, schattenseits olivgrün.

21 Strauch-Rosskastanie – Aesculus parviflóra Walt.

Merkmale: Im Mai blühender, sommergrüner, ausläufertreibender und bis 4 m hoher Strauch.
Standort: In der kollinen Stufe in Gärten und Parkanlagen verschiedentlich angepflanzt; Heimat ist das südöstliche Nordamerika.
Laubblätter: 20–30 cm lang, 5- oder 7zählig gefingert und mit einem 10–18 cm langen und rot gefärbten Stiel; Fiederblätter schmal verkehrt eiförmig, 9–18 cm lang, am Ende lang zugespitzt, an der Basis schmal keilförmig zusammenlaufend, oberseits mittel- bis dunkelgrün, unterseits bläulich graugrün, beiderseits kahl und sehr kurz (die beiden unteren) oder länger gestielt (die drei mittleren); Rand der Fiederblätter kerbig gesägt oder fein gesägt/gezähnt; Laubblätter wechselständig angeordnet.
Zweige: Junge Zweige grün bis graugrün, später sich graubraun verfärbend; mit zahlreichen Lentizellen.

22 Gelbe Pavie – Aesculus octándra Marsh.

Merkmale: Im Mai blühender, sommergrüner Zierbaum mit einer Wuchshöhe von 15 bis 20 m.
Standort: In der kollinen Stufe in Gärten und Parkanlagen angepflanzt. Diese Rosskastanienart, aus dem östlichen Nordamerika stammend, wird wegen den gelbrosa gefärbten Blüten oft in Mischbeständen mit ihren beiden Verwandten angepflanzt.
Laubblätter: 10–30 cm lang, meist 5zählig gefingert und mit einem 3–15 cm langen Stiel; Fiederblätter länglich elliptisch, 10–15 cm lang, am Ende zugespitzt, an der Basis schmal keilförmig verschmälert, oberseits dunkelgrün und kahl, unterseits gelbgrün, anfangs behaart und später verkahlend und sehr kurz (die beiden unteren) oder länger gestielt (die drei mittleren); Rand der Fiederblätter fein gezähnt; Laubblätter wechselständig angeordnet.
Zweige: Zweige graubraun.

23 Gemeine Rosskastanie – Aesculus hippocástanum L.

Merkmale: Im Mai blühender, sommergrüner Baum mit einer Höhe von 20 bis 25 m.
Standort: In der kollinen und montanen Stufe in grossen Gärten, Parkanlagen, bei Bauernhöfen und Gasthäusern als Schattenspender sehr beliebt und daher häufig angepflanzt; ein in den Bergwäldern der Balkanhalbinsel heimische Rosskastanienart.
Laubblätter: 10–30 cm lang, 5- oder 7zählig gefingert und mit einem 5–15 cm langen, oberseits rinnigen Stiel; Fiederblätter länglich verkehrt eiförmig (grösste Breite immer im oberen Drittel), 5–15 cm lang, sitzend, am Ende kurz zugespitzt, an der Basis schmal keilförmig verschmälert, oberseits dunkelgrün und kahl, unterseits hell- bis graugrün und in der Jugend entlang der Adern braun behaart und unregelmässig einfach, stellenweise auch doppelt gesägt; Fiederblätter gegen das Spreitenende zu an Grösse abnehmend; Laubblätter gegenständig angeordnet.
Zweige: Junge Zweige oliv, kahl, grau- bis graubraun und mit zahlreichen Lentizellen.

24 Fleischrote Rosskastanie – Aesculus cárnea Hayne

Merkmale: Im Mai blühender, sommergrüner Baum mit einer Wuchshöhe von 15 bis 20 m.
Standort: In der kollinen Stufe besonders entlang der Strassen gepflanzt; diese rotblühende Rosskastanienart ist ein fruchtbarer Bastard zwischen der südosteuropäischen gemeinen Rosskastanie und der in den USA beheimateten roten Kastanie.
Laubblätter: 10–25 cm lang, meist 5zählig gefingert und mit einem 5–15 cm langen Stiel; Fiederblätter elliptisch (mit der grössten Breite in der Mitte), 6–16 cm lang, meist sitzend, am Ende zugespitzt, an der Basis keilförmig verschmälert, oberseits matt dunkelgrün und oft etwas runzelig, unterseits gelbgrün und unregelmässig einfach gezähnt (stellenweise auch doppelt gezähnt); die beiden unteren Fiederblätter viel kleiner als die darüberliegenden; Laubblätter gegenständig angeordnet.
Zweige: Junge Zweige grünlich bräunlich, später graubraun.

25 Tulpenbaum – Liriodéndron tulipiféra L.

Merkmale: Von Juni bis Juli blühender, sommergrüner Baum mit einer Höhe bis 35 m.
Standort: In der kollinen Stufe in Gärten und Parkanlagen angepflanzt; stammt aus dem östlichen Nordamerika und ist seit 1688 in Europa in Kultur.
Laubblätter: 10–25 cm lang und mit einem 6–12 cm langen, an der Basis leicht verdickten Stiel; Spreite im Umriss viereckig, mit 2 oder 4 ungleich grossen Lappen (an jungen Bäumen auch 4- oder 6lappig), deren Längsseiten nahezu parallel verlaufen, ganzrandig, oberseits mittel- bis dunkelgrün und kahl, unterseits bläulichgrün und in den Adernwinkeln mit rinnenförmigen behaarten Vertiefungen oder kahl; Lappen zugespitzt und mit stumpfwinkligen, abgerundeten Buchten; Blattende abgeschnitten, ausgerandet oder deutlich eingeschnitten (Blattform unverkennbar); Spreitenbasis herzförmig, abgerundet oder gestutzt; Laubblätter wechselständig angeordnet.
Zweige: Junge Zweige bräunlich.

26 Eingriffliger Weissdorn – Crataégus monógyna Jacq.

Merkmale: Von Juni bis Juli blühender, sommergrüner, dicht verzweigter und dorniger Strauch oder kleiner Baum von 1–8 m Wuchshöhe.
Standort: In der kollinen und montanen Stufe in wärmeren Lagen in Hecken, Waldlichtungen, Gärten, Parkanlagen, an Zäunen und entlang von Waldrändern.
Laubblätter: 3–6 cm lang, tief 3-, 5-, 7- oder seltener 9lappig und mit 1–2 cm langem, kahlem oder auf der Rinne behaartem Stiel, am Ende abgeflacht mit oft einer kleinen aufgesetzten Spitze; Nebenblätter halbmondförmig und gezähnt; Blattspreite im Umriss breit eiförmig oder rautenförmig; Lappen lang, schmal, kurz zugespitzt, mit spitzen Buchten, oberseits glänzend dunkelgrün und kahl, unterseits bläulichgrün und in den Adernwinkeln etwas behaart; Laubblätter wechselständig angeordnet; an Kurztrieben büschelige Anordnung; Dornen 1–2,5 cm lang.
Zweige: Junge Zweige olivbraun bis hellbraun und stets stark bedornt.

27 Zweigriffliger Weissdorn – Crataégus laevigáta (Poiret) DC.

Merkmale: Im Mai blühender, sommergrüner, stark dorniger Strauch oder kleiner Baum von 2–8 m Wuchshöhe.
Standort: In der kollinen und montanen Stufe in krautreichen Eichen- und Buchenwäldern, Waldlichtungen, Hecken, Gärten, als Pioniergehölz auf Feldern und Weinbergen und entlang von Waldrändern auf trockenen bis feuchten und nährstoffreichen Böden.
Laubblätter: 3–5 cm lang, mit bis 1,5 cm langem, spärlich behaartem, rinnigem Stiel, am Ende stumpf oder abgeflacht mit kleinen Zähnchen und 3 oder 5 Lappen, Nebenblätter lanzettlich bis eiförmig, drüsig, gesägt und kahl; Blattspreite eiförmig bis rundlich, im vorderen Abschnitt 3- oder 5lappig, im oberen Teil ungleichmässig gesägt, im unteren ganzrandig, oberseits glänzend dunkelgrün und unterseits weisslichgrün; Laubblätter wechselständig angeordnet.
Zweige: Junge Zweige lichtseits rotbraun bis rotviolett, schattenseits olivgrün.

28 Echter Feigenbaum – Ficus cárica L.

Merkmale: Von Mai bis Juli blühender, sommergrüner Baum mit einer Wuchshöhe bis zu 6 m.
Standort: In der kollinen Stufe besonders an warmen, trockenen und sonnigen Hängen; wird in warmen Ländern in Plantagen gezogen.
Laubblätter: 20–30 cm lang, mit 3, 5 oder 7 ungleich langen und breiten Lappen, einem 5–8 cm langen dicken Stiel, der an der Basis verbreitert ist, am Ende meist abgerundet, oberseits dunkelgrün und rauhborstig, unterseits heller grün, mit hellgelben Adern und angedrückt weichhaarig und ganzrandig, gewellt oder auch unregelmässig fein gezähnt; Lappen meist verkehrt eiförmig, 6–12 cm lang, am Ende abgerundet; Endlappen im unteren Teil immer schmaler als oben; Laubblätter wechselständig angeordnet.
Zweige: Junge Zweige grün und Milchsaft führend.

29 Spitz-Ahorn – Acer platanoídes L.

Merkmale: Von April bis Mai blühender, sommergrüner Baum mit einer Wuchshöhe von 25–30 m.
Standort: In der kollinen und montanen Stufe in Buchen- und Laubmischwäldern (Auen-, Eichen-, Lindenmisch- und Hagenbuchenwälder) auf frischen bis feuchten, nährstoffreichen, humosen, lockeren und häufig kalkhaltigen Böden.
Laubblätter: 10–20 cm lang, ebenso breit, mit 3, 5 oder 7 ungleich langen Lappen, am Ende lang zugespitzt, oberseits dunkelgrün und kahl, unterseits hellgrün und in den Adernwinkeln gebärtet, später verkahlend und mit einem bis 15 cm langen, meist etwas rötlich gefärbten, Milchsaft führenden und an der Basis etwas verdickten Stiel; Lappen in mehrere, sehr schlanke und lange Zähne ausgezogen; Buchten zwischen den Lappen stumpf oder abgerundet; Laubblätter gegenständig angeordnet.
Zweige: Junge Zweige lichtseits hell rötlichbraun und schattenseits olivbraun.

30 Stachelbeere – Ríbes úva-críspa L.

Merkmale: Von April bis Mai blühender, sommergrüner Strauch bis 150 cm Wuchshöhe.
Standort: In der kollinen und montanen Stufe in Hecken, lichten Wäldern, Auen- und Schluchtwäldern, an Zäunen und entlang von Weg- und Waldrändern auf trockenen bis feuchten, nährstoffreichen und meist kalkhaltigen Böden.
Laubblätter: 2–6 cm lang und ebenso breit, 3- oder 5lappig und mit einem 1–2 cm langen und am Grunde etwas verbreiterten Stiel; Blattspreite im Umriss herzförmig bis rundlich, gelappt, am Ende abgerundet oder mit kurzer Spitze, an der Basis schwach herzförmig oder gestutzt, oberseits dunkelgrün, glänzend und oft schwach behaart, unterseits mittelgrün und weich behaart; Lappen rundlich, am Ende kurz zugespitzt, mit spitzen Buchten und einem tief gekerbten bis gezähnten Rand; Laubblätter an den Langtrieben wechselständig-, an den Kurztrieben büschelig angeordnet.
Zweige: Hellgrau bis hellbraun berindet und mit schwarzen Punkten versehen.

31 Bastard Platane – Plátanus x acerifólia (Ait.) Willd.

Merkmale: Im Mai blühender, sommergrüner Baum von 25–40 m Wuchshöhe und einer blassgrünen hochgewölbten Krone.
Standort: In der kollinen Stufe häufig als Park- und Strassenbaum gepflanzt; gedeiht gut in der äusserst trockenen Stadtluft; Ursprung unbekannt.
Laubblätter: 10–25 cm lang, ebenso breit, mit 3, 5 oder 7 ungleich grossen Lappen, die höchstens bis zur Spreitenmitte reichen und einem 3–10 cm langen, an der Basis zwiebelartig verdickten Stiel; Blattspreite meist 5lappig (an jüngeren Trieben deren 3), am Ende zugespitzt, an der Basis gestutzt oder schwach herzförmig, neben grösseren Zähnen ganzrandig, oberseits glänzend grün und kahl, unterseits heller grün, flaumig behaart, später verkahlend; Lappen breit dreieckig, grob gezähnt, zugespitzt und mit gerundeten, stumpfen oder spitzen Buchten; Laubblätter wechselständig angeordnet.
Zweige: Junge Zweige schattenseits gelbgrün bis oliv, sonnenseits rotbraun überlaufen.

32 Alpen-Johannisbeere – Ríbes alpínum L.

Merkmale: Von April bis Mai blühender, sommergrüner, reich verzweigter und unbewehrter Strauch von 1–2 m Wuchshöhe.
Standort: Von der kollinen bis in die subalpine Stufe zerstreut in krautreichen Bergmischwäldern, Schluchtwäldern, Hochstaudenfluren, lichten Kiefernwäldern und entlang von Waldrändern auf mässig trockenen bis sickerfeuchten und nährstoffreichen Böden.
Laubblätter: 2–5 cm lang, ebenso breit, mit 3-, seltener 5 Lappen und einem 1–2 cm langen, mit Drüsenhaaren bewimperten Stiel; Blattspreite im Umriss breit eiförmig bis rundlich, am Ende zugespitzt, stumpflich oder abgerundet, an der Basis schwach herzförmig, gestutzt oder abgerundet, oberseits dunkelgrün und zerstreut behaart, unterseits heller grün, glänzend und meist kahl und am Rand grob gesägt; Laubblätter wechselständig angeordnet.
Zweige: Junge Zweige gelblich, hellbraun bis grau, später grau bis grauschwarz.

33 Berg-Ahorn – Acer pseudoplátanus L.

Merkmale: Im Mai blühender, sommergrüner Baum mit einer Wuchshöhe von 25 bis 40 m; entwickelt besonders in der montanen und subalpinen Stufe eine mächtige Krone.
Standort: Von der kollinen bis in die subalpine Stufe in Buchenmischwäldern, Schluchtwäldern, an Bachufern, auf Schutthalden und auf Weiden.
Laubblätter: 8–20 cm lang, bis 16 cm breit, 3- oder 5lappig, am Ende kurz zugespitzt, stumpf oder abgerundet und mit einem bis 10 cm langen, oberseits roten Stiel; Blattspreite im Umriss breit eiförmig, herzförmig oder rundlich, mit ungleich grossen, breit dreieckigen Lappen, spitzen Buchten, oberseits dunkelgrün und kahl, unterseits hell bläulich [illegible] anfangs dicht behaart, später (mit Ausnahme an den Adern) verkahlend [illegible] unregelmässig grob gesägten bis gezähnten Rand; Laubblätter gegen[illegible]net.
[illegible]ge Zweige gelbbraun, oliv bis braun, später dunkler grau bis dunkelbraun.

34 Feld-Ahorn – Acer campéstre L.

Merkmale: Von April bis Mai blühender, sommergrüner Baum mit rundlicher Krone und 10–15 m Wuchshöhe.
Standort: In der kollinen und montanen Stufe in Hecken, Auen- und krautreichen Eichen-Hainbuchenwäldern und entlang von Waldrändern auf frischen, nährstoffreichen, steinigen und sandigen bis lehmigen Böden.
Laubblätter: 3–10 cm lang, 3- oder 5lappig und mit einem 1–5 cm langen, oberseits meist rötlichen und Milchsaft führenden Stiel; Blattspreite im Umriss rundlich bis eiförmig, mit ungleich grossen Lappen, am Ende stumpf oder abgerundet, an der Basis herzförmig, oberseits dunkelgrün, unterseits heller grün und in der Jugend weichhaarig (später verkahlend); mit Ausnahme von wenigen groben und gerundeten Zähnen ganzrandig; Laubblätter gegenständig angeordnet.
Zweige: Junge Zweige braun und behaart, später deutlich längsrissig und kahl.

35 Schneeballblättriger Ahorn – Acer ópalus Miller

Merkmale: Von April bis Mai blühender, sommergrüner Strauch oder bis 20 m hoher Baum.
Standort: In der kollinen und seltener montanen Stufe an südexponierten Hängen und südlich der Alpen in Gebirgen des westlichen Mittelmeergebietes.
Laubblätter: 4–10 cm lang, meist etwas breiter, mit 5 Lappen (die beiden unteren oft nur angedeutet) und einem 3–9 cm langen, oberseits vielfach rot gefärbten Stiel; Blattspreite im Umriss meist rundlich, am Ende meist stumpf, an der Basis herzförmig oder gestutzt, oberseits dunkelgrün und kahl, unterseits blaugrün und anfangs behaart, später verkahlend, mit abgerundeten Buchten und unregelmässig gekerbtem oder gezähntem Rand; Lappen sehr breit dreieckig, viel kürzer als beim Bergahorn und am Ende meist stumpf; Laubblätter gegenständig angeordnet.
Zweige: Junge Zweige olivbraun und bereits früh längsrissig.

36 Französischer Massholder – Acer monspessulánum L.

Merkmale: Im April blühender, sommergrüner Strauch oder Baum von 6–10 m Wuchshöhe.
Standort: In der kollinen Stufe in sonnigen Eichenbuschhängen, Flaumeichenwäldern und an sonnigen Felshängen; aus dem mediterranen Raum stammend; im Kaukasus bis 1700 m steigend.
Laubblätter: 3–6 cm lang, mit 3-, seltener 5 Lappen und einem 1–3 cm langen, an der Basis etwas verbreiterten Stiel; Blattspreite im Umriss waagrecht oval, am Ende abgerundet, an der Basis schwach herzförmig oder abgerundet, oberseits glänzend dunkelgrün und kahl, unterseits bläulichgrün, anfangs weichhaarig, später kahl, meist ganzrandig und seltener etwas wellig; Laubblätter gegenständig angeordnet; Blattpaare zueinander kreuzgegenständig.
Zweige: Junge Zweige dunkeloliv und um die Knospen herum anfangs leicht behaart.

37 Gemeiner Schneeball – Vibúrnum ópulus L.

Merkmale: Von Mai bis Juni blühender, sommergrüner und raschwüchsiger Strauch von 1 bis 4 m Wuchshöhe.
Standort: In der kollinen und montanen Stufe in Hecken, Auenwäldern, an Bachufern und Waldrändern auf sickerfeuchten und nährstoffreichen Böden.
Laubblätter: 4–20 cm lang, ebenso breit oder breiter, 3- oder 5lappig und mit einem 2–3 cm langen Stiel, der kurz unterhalb der Spreite 2–4 grüne und napfförmige Nektardrüsen aufweist; Blattspreite im Umriss vielgestaltig, meist aber rundlich oder queroval, gelappt, am Ende kurz zugespitzt oder stumpf, an der Basis herzförmig oder gestutzt, oberseits dunkelgrün und kahl, unterseits graugrün und etw[illegible] und unregelmässig grob gezähnt; Buchten zwischen den Lappen meist ab[illegible] blätter gegenständig angeordnet.
Zweige: Junge Zweige ocker bis rot überlaufen und kahl.

38 Schwarze Johannisbeere – Ríbes nígrum L.

Merkmale: Von April bis Mai blühender, sommergrüner Strauch von 1–2 m Wuchshöhe.
Standort: In der kollinen und montanen Stufe in Auenwäldern, Erlenbrüchen und feuchten Hecken; wild nur noch selten zu finden; Beginn der Kultur im 16. Jahrhundert; heute in zahlreichen grossfrüchtigen Sorten angepflanzt.
Laubblätter: 5–10 cm lang, ebenso breit, 3- oder 5lappig und mit einem 2–5 cm langen, an der Basis verbreiterten Stiel; Blattspreite im Umriss rundlich, gelappt, am Ende zugespitzt, bei der Basis deutlich herzförmig, oberseits mittel- bis dunkelgrün und anfangs behaart, unterseits hellgrün, mit gelblichen Harzdrüsen besetzt und mit einem doppelt gezähnten Rand; Laubblätter wechselständig angeordnet.
Zweige: Junge Zweige grau bis rotbraun und fein behaart, später dunkelbraun und verkahlend.

39 Rote Johannisbeere – Ríbes rúbrum L.

Merkmale: Von April bis Mai blühender, sommergrüner, wehrloser Strauch von 1–2 m Wuchshöhe.
Standort: In der kollinen und montanen Stufe in Gärten angepflanzt; sie stammt von europäischen Wildarten ab; als Eltern sind vor allem die wilde rote Johannisbeere (R. spicátum) und die Felsenjohannisbeere (R. petraéum) beteiligt.
Laubblätter: 4–7 cm lang, 3- oder 5lappig und mit einem 2–3,5 cm langen und am Grunde etwas verdickten Stiel; Blattspreite im Umriss rundlich, mit breitdreieckigen Lappen, am Ende zugespitzt, bei der Basis herzförmig oder gestutzt, oberseits dunkelgrün und glanzlos, unterseits heller grün, weichhaarig, später verkahlend, nicht punktiert und mit einem doppelt gesägten oder kerbig gezähnten Rand; Laubblätter wechselständig angeordnet.
Zweige: Junge Zweige hellbraun bis grau und mit dunklen Flecken.

40 Gemeiner Efeu – Hédera hélix L.

Merkmale: Von August bis Oktober blühende, immergrüne Liane von max. 20 m Höhe.
Standort: In der kollinen und montanen Stufe kriechende oder an Bäumen und Mauern kletternde Liane in Laubmischwäldern, Parkanlagen, an Felsen und Mauern auf trockenen bis feuchten, sauren- bis kalkreichen und nährstoffreichen Böden.
Laubblätter: 4–10 cm lang, 3- oder 5lappig und mit einem 3–7 cm langen, oberseits braun- bis braunroten Stiel; Blattspreite ganzrandig, gelegentlich etwas gewellt, oberseits dunkel blaugrün mit deutlich sichtbaren hellgelben Adern und kahl, unterseits matt hellgrün und kahl und im Umriss vielgestaltig: an nichtblühenden Zweigen eiförmig bis rundlich, 3- oder 5lappig und an blühenden Sprossen rautenförmig und ungelappt; Spreitenbasis herzförmig; Blattende stumpf oder abgerundet; Buchten zwischen den Lappen stumpfwinklig und abgerundet; Laubblätter wechselständig angeordnet.
Zweige: Mit Haftwurzeln dem Substrat anliegend / frei wachsend; junge Zweige grün.

41 Silberpappel – Pópulus álba L.

Merkmale: Von März bis Mai blühender, sommergrüner, breitkroniger Baum von 10–30 m Wuchshöhe.
Standort: In der kollinen und montanen Stufe in Ufergebüschen, am Rande von Auenwäldern, auf sandigen Schuttplätzen; bevorzugt im Untergrund sandige Böden.
Laubblätter: 5–12 cm lang, im Umriss vielgestaltig (an Langtrieben und Stockausschlägen oval bis eiförmig und 3- bis 5lappig) und mit einem 2–4 cm langen, abgeflachten und weiss behaarten Stiel; Blattspreite mit ungleich grossen Lappen, am Ende zugespitzt oder leicht abgerundet, an der Basis abgerundet, leicht herzförmig oder gestutzt, beim Austrieb beiderseits wollig behaart, später oberseits glänzend dunkelgrün und verkahlend, unterseits bleibend dicht weissfilzig und mit einem buchtig gezähnten Rand; Laubblätter wechselständig angeordnet.
Zweige: Junge Zweige durch weissgraue Behaarung weisslich erscheinend.

42 Elsbeerbaum – Sórbus torminális (L.) Crantz

Merkmale: Im Mai blühender, sommergrüner Strauch oder Baum von 5–20 m Höhe.
Standort: In der kollinen-, seltener montanen Stufe in Hainbuchen-, Eichen- und Buchenwäldern verbreitet.
Laubblätter: 6–10 cm lang, meist beinahe ebenso breit, mit beiderseits 3 oder 4 zugespitzten Lappen und einem 2–5 cm langen, locker filzigen und später kahlen Stiel; Blattspreite im Umriss eiförmig bis rundlich, mit dreieckigen Lappen (untere grösser und waagrecht abstehend), am Ende zugespitzt, an der Basis gestutzt oder abgerundet, oberseits glänzend dunkelgrün und nach dem Laubaustrieb noch fein behaart (später verkahlend), unterseits hell blaugrün und lockerfilzig (später Haare nur noch bei den Adern) und mit einem einfach und doppelt gesägten Rand; Laubblätter wechselständig angeordnet.
Zweige: Junge Zweige oliv- bis rotbraun und meist fein behaart.

43 Oxelbeere, schwedische Mehlbeere – Sórbus intermédia Pers.

Merkmale: Meist im Mai blühender, sommergrüner Strauch oder kleiner Baum von 3–15 m Wuchshöhe.
Standort: In der kollinen Stufe; wegen seiner Widerstandsfähigkeit gegen Luftverschmutzung besonders in Schweden, Finnland, Norwegen, Dänemark und Nordostdeutschland bei Strassen und in Parkanlagen angepflanzt; heimisch in Skandinavien.
Laubblätter: 6–12 cm lang, mit jederseits 5–8 kurzen Lappen und einem 1–2 cm langen, graufilzigen Stiel; Blattspreite im Umriss länglich elliptisch bis elliptisch, nicht sehr tief gelappt, am Ende zugespitzt, an der Basis breit keilförmig oder abgerundet, oberseits glänzend dunkelgrün, unterseits bleibend graufilzig und mit einem unregelmässig gesägten bis gezähnten Rand; Buchten zwischen den Lappen spitz; Laubblätter wechselständig angeordnet.
Zweige: Junge Zweige oliv bis olivbraun und meist stark behaart.

44 Breitblättrige Mehlbeere – Sórbus latifólia (Lam.) Pers.

Merkmale: Im Mai blühender, sommergrüner Strauch oder Baum mit einer Wuchshöhe bis 28 m.
Standort: In der kollinen-, seltener montanen Stufe in wärmeren Lagen in Eichen-Hainbuchenwäldern.
Laubblätter: 7–12 cm lang, im unteren Drittel bis 10 cm breit, mit beiderseits 6–9 breit dreieckigen Lappen und einem 1–3 cm langen Stiel; Blattspreite im Umriss eiförmig bis breit eiförmig, am Ende kurz zugespitzt, an der Basis unregelmässig oder regelmässig breit keilförmig verschmälert, oberseits glänzend dunkelgrün und kahl, unterseits etwas graufilzig und daher graugrün erscheinend; Lappen zugespitzt und gegen die Blattspitze zu immer kleiner werdend; Buchten zwischen den Lappen spitz; Laubblätter wechselständig angeordnet.
Zweige: Junge Zweige rotbraun und an der Spitze fein behaart.

45 Stiel-Eiche – Quércus róbur L.

Merkmale: Im Mai blühender, sommergrüner und bis 50 m hoher Baum.
Standort: Von der kollinen bis in die untere montane Stufe in wintermilder und feuchter Klimalage in Wäldern und bei Strauchreihen; auch einzeln auf Feldern.
Laubblätter: 5–16 cm lang, kurz gestielt, verkehrt eiförmig bis oval, mit der grössten Breite im oberen Drittel und mit jederseits 4 oder 5 unregelmässigen und ungleichen Lappen; Lappen ganzrandig, abgerundet und oft bis zur Hälfte der Blattspreite reichend; Buchten zwischen den Lappen abgerundet; Spreitenbasis meist etwas herzförmig und mit 2 deutlich sichtbaren Öhrchen (=Läppchen); Oberseite glänzend dunkelgrün und kahl, Unterseite matt hell- bis blaugrün und selten etwas behaart; Laubblätter am Spross wechselständig angeordnet.
Zweige: Jüngste Zweige olivgrün, später durch sich ablösende Epidermis graubraun und kahl.

46 Flaum-Eiche – Quércus pubéscens Willd.

Merkmale: Von April bis Mai blühender, sommergrüner Baum von 3–20 m Höhe.
Standort: In der kollinen, seltener montanen Stufe in Flaumeichen- und Föhrenwäldern, an sonnigen Hügeln und warmen, steinigen Abhängen.
Laubblätter: 5–10 cm lang, mit jederseits 5–7 Lappen und einem 8–12 mm langen Stiel; Blattspreite im Umriss meist verkehrt eiförmig, mit der grössten Breite im oberen Drittel, am Ende mit 2 oder mehreren stumpfen oder kurz zugespitzten Abschnitten, an der Basis abgerundet (Spreitenhälften an der Hauptader nicht immer auf gleicher Höhe endend), beiderseits anfangs filzig behaart, später oberseits kahl und dunkelgrün, unterseits durch das vorhandene Haarkleid hell graugrün; Lappen sind am Ende stumpf oder gelegentlich mit einer kleinen Spitze versehen; Buchten zwischen den Lappen meist abgerundet; Laubblätter wechselständig angeordnet.
Zweige: Junge Zweige flaumig filzig behaart.

47 Trauben-Eiche – Quércus petraéa (Matt.) Liebl.

Merkmale: Von April bis Mai (seltener bis Juni) blühender, sommergrüner Baum von 20–45 m Wuchshöhe.
Standort: Von der kollinen bis in die untere montane Stufe in Buchen- und Eichen-Hainbuchenwäldern in wintermilden Klimalagen; in den Südalpen bis auf 1600 m hinaufsteigend.
Laubblätter: 6–12 cm lang, mit jederseits 5–9 abgerundeten Lappen, am Ende stumpf oder abgerundet und mit einem 10–25 mm langen Stiel; Blattspreite im Umriss verkehrt eiförmig, in der Mitte am breitesten, mit ganzrandigen und mehr oder weniger gleichmässig gestalteten Lappen (Buchten zwischen den Lappen meist spitz), oberseits matt dunkelgrün und kahl, unterseits heller grün und mit einzelnen sehr kleinen sternförmigen Haaren; Laubblätter wechselständig angeordnet.
Zweige: Junge Zweige leicht kantig, oliv bis grau und kahl.

48 Zerr-Eiche – Quércus cérris L.

Merkmale: Im Mai blühender, sommergrüner Strauch oder bis 30 m hoher Baum.
Standort: In der kollinen Stufe in heissen Lagen zerstreut besonders in Flaumeichenwäldern, an steinigen Abhängen und an Buschhängen.
Laubblätter: 6–15 cm lang, mit der grössten Breite im oberen Drittel, jederseits mit 7–9 ungleich grossen Lappen und einem 7–15 mm langen Stiel; Blattspreite im Umriss formenreich, meist schmal oval, am Ende fein zugespitzt (oft mit mehreren kleinen Abschnitten), an der Basis keilförmig verschmälert, oberseits nach dem Austrieb rauhhaarig, später kahl und glänzend dunkelgrün, unterseits hellgrün und mit sehr lange bleibenden weichen Flaumhaaren besetzt; Lappen am Ende stumpflich, mehrheitlich aber zugespitzt; Rand der Lappen ganzrandig; Buchten zwischen den Lappen zugespitzt oder abgerundet; Laubblätter wechselständig angeordnet.
Zweige: Junge Zweige olivbraun und rauh behaart.

49 Bewimperte Alpenrose – Rhododéndron hirsútum L.

Merkmale: Von Mai bis Juli blühender, immergrüner und bis 1 m hoher Strauch.
Standort: In der subalpinen Stufe in Felsspalten, lichten Bergwäldern, im Geröll und schattigen, lange mit Schnee bedeckten Lagen auf steinigen (stets kalkhaltiger Unterlage), humusarmen Hängen in sehr schattigen und lange von Schnee bedeckten Lagen.
Laubblätter: 1–3,5 cm lang und mit einem 0,3–0,8 cm langen Stiel; Blattspreite im Umriss länglich elliptisch, derb, lederig, am Ende stumpf oder abgerundet, an der Basis schmal keilförmig verschmälert, ganzrandig, oft aber abschnittsweise etwas gewellt, mit 1–2 mm langen, borstigen und abstehenden Haaren, oberseits glänzend dunkelgrün, etwas runzelig, kahl oder vereinzelt mit Drüsenschuppen besetzt und unterseits hellgrün mit zuerst weisslichen, später gelbbraun punktierten Drüsen; Laubblätter wechselständig angeordnet.
Zweige: Junge Zweige gelbgrün bis rötlichbraun und besonders anfangs behaart.

50 Glockenheide – Eríca tetrálix L.

Merkmale: Im Juli blühender, sommergrüner, niederliegender, stark verzweigter, bis 50 cm hoher Strauch.
Standort: In der kollinen und montanen Stufe in Torfmooren, moorigen Wäldern, Heiden und sauren, humusreichen Sandböden.
Laubblätter: 3–6 cm lang und mit einem 1–2 mm langen, meist filzig behaarten, sehr breiten Stiel; Blattspreite im Umriss schmal oval oder nadelförmig, am Ende stumpf oder abgerundet, an der Basis sehr schwach in den breiten Stiel verschmälert, ganzrandig (Blattrand umgerollt und am Rande mit 0,5–1 mm langen, abstehenden und weissen Haaren), oberseits mit dunkelgrünem Untergrund durch feinen Filz stellenweise weisslich gefärbt und unterseits weiss mit mittelgrün hervortretender Mittelader; Laubblätter zu 4-, seltener zu 3 quirlständig angeordnet.
Zweige: Dünn, braunrot, aufrecht und behaart.

51 Rostblättrige Alpenrose – Rhododéndron ferrugíneum L.

Merkmale: Von April bis August blühender, immergrüner, reich verzweigter, rundlicher Strauch von 1 m Wuchshöhe.
Standort: In der subalpinen (seltener montanen und alpinen) Stufe in Gebieten mit einer langen Schneebedeckung (im Gebiet der Legföhren, Arven und Lärchen oberhalb oder bei der Waldgrenze) auf Böden mit einer mächtigen und sauren Rohhumusauflage.
Laubblätter: 2–5 cm lang, mit einem sehr kurzen, bis 6 mm langen Stiel; Blattspreite im Umriss länglich lanzettlich bis länglich elliptisch, lederig, am Ende abgerundet oder stumpf, bei der Basis schmal keilförmig verschmälert, ganzrandig, mit etwas zurückgerolltem Rand, oberseits glänzend dunkelgrün und etwas runzelig und unterseits durch dicht stehende, sich überlagernde Kugeldrüsen braun gefärbt; jüngere Blätter unterseits noch mit hellgelben Drüsen; Laubblätter wechselständig angeordnet.
Zweige: Junge Zweige gelbgrün, durch dunkelbraune Drüsen dunkelbraun.

52 Zwittrige Krähenbeere – Empetrum nígrum L. ssp. hermaphrodítum

Merkmale: Von Mai bis Juni blühender, wintergrüner, niederliegender, weit kriechender, teppichbildender Zwergstrauch von 10–45 cm Wuchshöhe.
Standort: Von der montanen bis in die alpine Stufe in humider Klimalage und in der Arktis; in den Alpen an schneereichen Hängen oder auf Rohhumusböden zusammen mit Heidelbeere, Alpenrose und anderen Zwergsträuchern.
Laubblätter: 4–7 mm lang und mit einem 1–2 mm langen, breiten, dunkelgrünen und an der Sprossachse anliegenden Stiel; Blattspreite im Umriss schmal elliptisch oder lineal, lederig, am Ende stumpf oder kurz zugespitzt, an der Basis keilförmig in den breiten Grund verschmälert, ganzrandig (Ränder nach unten eingerollt) oberseits dunkelgrün und kahl, unterseits weiss gekielt und vereinzelt behaart und mit dunkelgrünen Rändern; Laubblätter scheinwirtelig angeordnet.
Zweige: Junge Zweige hellbraun bis rotbraun und mit meist aufgerichteten Triebspitzen.

53 Schneeheide, Erika – Eríca herbácea L.

Merkmale: Im April blühender, immergrüner, dichte Matten bildender Zwergstrauch mit einer Wuchshöhe von 30 cm.
Standort: In der montanen und subalpinen (auch kollinen und alpinen, hier jedoch seltener) Stufe in Kiefern- und Bergföhrenwäldern, lichten Lärchen- und Fichtenwäldern, auf Heidewiesen und an sonnigen warmen Hügeln.
Laubblätter: 4–8 mm lang und mit einem 1–2 mm langen, bräunlich weiss gefärbten und breiten Stiel; Blattspreite im Umriss nadelartig oder linealisch, am Ende abgerundet und meist mit kurzer Stachelspitze, an der Basis in den Blattstiel abgerundet, oberseits mittel- bis dunkelgrün, kahl und glänzend und unterseits der übriggebliebene Längsspalt weiss erscheinend; Laubblätter in 3- oder 4blättrigen Wirteln stehend.
Zweige: Junge Zweige dünn, grünbraun bis bräunlich, etwas gebogen und rundlich bis kantig.

54 Baumheide – Eríca arbórea L.

Merkmale: Im April blühender, immergrüner Strauch mit aufrechten Zweigen und einer Wuchshöhe bis 5 m; aus dem Holz werden die bekannten französischen Bruyère Pfeifen hergestellt.
Standort: In der kollinen Stufe auf trockenen, buschigen Hängen und Felsen; kalkfliehend; besonders in Südeuropa verbreitet.
Laubblätter: 4–7 mm lang und mit einem 1–2 mm langen, weisslichen und breiten Stiel; Blattspreite im Umriss nadelförmig oder schmal lineal, am Ende stumpf oder abgerundet, an der Basis verschmälert, ganzrandig (drüsig behaarte Ränder stark nach unten eingerollt, so dass nur noch ein schmaler Spalt offen steht), oberseits dunkelgrün, unterseits zwischen den umgerollten Rändern weisslich mit gut sichtbarer Mittelader; Laubblätter zu 3 oder 4 quirlständig angeordnet.
Zweige: Junge Zweige grünlich und behaart, später bräunlich.

55 Alpen-Azalee – Loiseléuria procúmbens (L.) Desv.

Merkmale: Von Juni bis Juli blühender, immergrüner, niederliegender, teppichbildender Zwergstrauch mit 15–40 cm langen Sprossen.
Standort: In der subalpinen und alpinen Stufe an windexponierten Gratlagen, auf Blockschutt, Felsen in Zwergstrauch- und Spalierheiden; eine kalkfliehende Gebirgspflanze.
Laubblätter: 4–8 mm lang und mit einem 1–3 mm langen und hellgelb weisslichen Stiel; Blattspreite im Umriss schmal elliptisch, nicht viel breiter als der Stiel, am Ende stumpf oder kurz zugespitzt, an der Basis etwas keilförmig, ganzrandig (Ränder nach unten umgebogen), oberseits dunkelgrün, zuerst behaart, später kahl und mit einer wenig vertieften Längsfurche, unterseits grünlichweiss bis bläulichweiss, kahl und mit stark hervortretender, breiter Hauptader; Laubblätter gegenständig angeordnet.
Zweige: Junge Zweige hellgelb bis hellbraun, später dunkelbraun und knorrig.

56 Wanderheide – Eríca vágans L.

Merkmale: Von Juni bis September blühender, immergrüner Zwergstrauch mit üppigem Wuchs und einer Wuchshöhe von 30–80 cm.
Standort: In der kollinen Stufe an Waldrändern und buschigen Hängen (besonders in Westeuropa verbreitet).
Laubblätter: 4–10 mm lang und mit einem 1–2 mm langen, weissen und breiten Stiel; Blattspreite im Umriss schmal lineal, am Ende abgerundet oder stumpf, an der Basis seitlich etwas verschmälert, ganzrandig (Ränder nach unten gebogen; mit weit voneinander stehenden Drüsen), oberseits dunkelgrün und kahl, unterseits weiss gefärbt und mit einer deutlich hervortretenden dunkelgrünen Mittelader; Laubblätter zu 4 oder 5 quirlig angeordnet.
Zweige: Junge Zweige kahl, dünn, gelbbraun und von bereits früh abblätternder Epidermis stellenweise grau erscheinend.

57 Besenheide, Heidekraut – Callúna vulgáris (L.) Hull.

Merkmale: Von Juni bis Oktober blühender, immergrüner, dicht verzweigter Strauch von 20–60 cm Wuchshöhe.
Standort: Von der kollinen bis in die alpine Stufe in mageren Weiden, lichten und trockenen Wäldern, Zwergstrauchgesellschaften, Mooren und auf sandigen Dünen; Charakterpflanze der europäischen Heide- und Moorlandschaften.
Laubblätter: 1–3 mm lang und ungestielt; Blattspreite im Umriss nadelartig, schmal eiförmig oder schuppenartig, am Ende meist abgerundet, an der Basis stengelumfassend und mit 2 abwärts gerichteten, spitzen, am Rande drüsigen Öhrchen, im Sommer dunkelgrün, im Winter braunrot, oberseits tief rinnig und unterseits gekielt, kahl oder etwas behaart; Laubblätter kreuzweise gegenständig angeordnet und sich dachziegelig in 4 Längsreihen deckend.
Zweige: Junge Zweige gelbgrün bis gelbbraun und anfangs vierkantig.

58 Gemeine Moosbeere – Vaccínium oxycóccus L.

Merkmale: Von Mai bis Juli blühender, immergrüner, niederliegender Halbstrauch mit bis 80 cm weit kriechenden Trieben.
Standort: In der kollinen und montanen Stufe als "Moosrasen" in Hochmooren und hier besonders auf den Bulten der Torfmooshochmoore mit Rosmarinheide und Sonnentau wachsend.
Laubblätter: 5–15 mm lang und mit einem höchstens 2 mm langen Stiel; Blattspreite im Umriss oval, eiförmig oder länglich eiförmig, am Ende stumpf oder kurz zugespitzt, an der Basis abgerundet oder schwach herzförmig, ganzrandig (Ränder nach unten eingerollt), oberseits glänzend dunkelgrün, kahl und meist mit einer hellgrünen, etwas vertieften Mittelader und unterseits blaugrün bereift; Laubblätter wechselständig angeordnet.
Zweige: Junge Zweige grünlich bis rötlich, später Triebe verholzend.

59 Rosmarinheide – Andrómeda polifólia L.

Merkmale: Von Mai bis Juni blühender, wintergrüner, 10–20 cm hoher Strauch mit weit in Hochmoorbülten kriechenden Trieben.
Standort: Von der kollinen bis in die subalpine Stufe in Hochmooren und nassen, nährstoff- und basenarmen, sauren Torfmooren; Charakterpflanze der Torfmoos- und Heidemoore.
Laubblätter: 1–5 cm lang und mit einem 3–7 mm langen, meist weissen Stiel; Blattspreite im Umriss schmal lanzettlich oder schmal lineal, lederartig, am Ende fein zugespitzt oder stachelspitzig, an der Basis schmal keilförmig, ganzrandig (Ränder jeweils stark eingerollt), oberseits glänzend dunkelgrün und durch weisse Seitenadern gefeldert, unterseits silbrig, weiss oder hell blaugrün und mit stark hervortretender weisser Mittelader; Laubblätter wechselständig angeordnet.
Zweige: Junge Zweige hellgrün und graufilzig.

60 Rosmarin – Rosmarínus officinális L.

Merkmale: Von Mai bis Juni blühender, immergrüner, aromatisch riechender Strauch von 0,5–1,5 m Wuchshöhe.
Standort: In der kollinen Stufe in wintermilden, warmen Lagen im Trockengebüsch, bei trockenen Wäldern und in Felsensteppen auf trockenen, steinigen, kalk- und magnesiumhaltigen Böden.
Laubblätter: 3–5 cm lang und sitzend oder sehr kurz gestielt; Stiel dicht sternhaarig filzig; Blattspreite im Umriss sehr schmal lanzettlich oder länglich linealisch, lederig, am Ende stumpf oder abgerundet, an der Basis schmal keilförmig, ganzrandig (Ränder nach unten umgerollt), oberseits dunkelgrün und schwach runzelig, unterseits dicht weissfilzig mit einer breiten Hauptader, die stark hervortritt; Laubblätter kreuzweise gegenständig angeordnet.
Zweige: Junge Zweige hellgrün und graufilzig.

61 Lorbeer-Seidelbast – Dáphne lauréola L.

Merkmale: Von März bis April blühender, sommergrüner, nur wenig verzweigter Strauch mit einer Wuchshöhe bis 1,2 m.
Standort: In der kollinen und montanen Stufe in wärmeren, wintermilden und nicht zu trockenen Lagen in krautreichen Buchen-, Eichen- und Eichen-Hainbuchen Mischwäldern.
Laubblätter: 6–14 cm lang, ohne Stiel, oder dieser nur sehr kurz; Blattspreite im Umriss schmal verkehrt eiförmig, mit der grössten Breite immer oberhalb der Mitte, am Ende kurz zugespitzt, an der Basis keilförmig in den Stiel verschmälert, so dass dieser oft wegfällt, ganzrandig, oberseits glänzend dunkelgrün und mit deutlich versenkter Mittelader, unterseits hellgrün mit stark hervortretender Mittelader und beiderseits kahl; Laubblätter am Spross wechselständig angeordnet.
Zweige: Junge Zweige gelbgrün bis graugrün; Äste nur wenig verzweigt.

62 Gemeiner Seidelbast – Dáphne mezéreum L.

Merkmale: Von März bis April blühender, sommergrüner, schwach verzweigter Strauch von 30–120 cm Wuchshöhe.
Standort: Von der kollinen bis in die subalpine Stufe in krautreichen Buchenmischwäldern, Hochstaudenfluren, Lichtungen, auf Felsschutt und an Wasserzügen auf feuchten und nährstoffreichen Böden.
Laubblätter: 3–8 cm lang und nur sehr kurz gestielt; Blattspreite im Umriss verkehrt eilänglich, mit der grössten Breite oberhalb der Mitte, weich anzufühlen, am Ende kurz zugespitzt, an der Basis keilförmig in den sehr kurzen Stiel verschmälert, ganzrandig (Ränder glatt oder schwach nach unten umgebogen, kahl oder etwas behaart), oberseits dunkelgrün, unterseits graugrün und beiderseits kahl; Laubblätter wechselständig angeordnet und an den Zweigenden gehäuft.
Zweige: Junge Zweige gelblich oder grünlichbraun und nur an der Spitze mit Knospen.

63 Flaumiger Seidelbast – Dáphne cneorum L.

Merkmale: Im Mai blühender, immergrüner Strauch von 10–40 cm Wuchshöhe.
Standort: In der kollinen und montanen (seltener subalpinen) Stufe in wärmeren Lagen in lichten Kiefern-Trockenwäldern, im Legföhrengürtel, an Waldrändern und auf Bergmatten.
Laubblätter: 5–20 mm lang und mit einem kurzen, aber sehr breiten Stiel; Blattspreite im Umriss lineal, lanzettlich oder spatelförmig, am Ende ausgerandet oder abgerundet und mit einer kurzen Spitze, an der Basis keilförmig verschmälert, ganzrandig (Ränder etwas nach unten gebogen), oberseits mittel- bis dunkelgrün und mit hellgelbgrünen Adern, unterseits graublaugrün und mit hervortretender Hauptader; Seitenadern weisslichgrün gefärbt und ebenfalls gut sichtbar; Laubblätter wechselständig angeordnet und gegen das Ende der Zweige zu gehäuft.
Zweige: Junge Zweige grünlich bis bräunlich, behaart und kriechend.

64 Alpen-Seidelbast – Dáphne alpína L.

Merkmale: Von Mai bis Juni blühender, sommergrüner Strauch mit einer Wuchshöhe von 15–120 cm.
Standort: Von der kollinen bis in die subalpine Stufe in wärmeren Lagen an Felsbrocken, Mauern, auf Felsen über kalkigem Gestein.
Laubblätter: 1–5 cm lang und meist sitzend; Blattspreite im Umriss lanzettlich bis schmal verkehrt eiförmig, mit der grössten Breite in- oder oberhalb der Mitte, am Ende stumpf oder abgerundet, an der Basis keilförmig bis zum Blattgrund verschmälert, ganzrandig (am Rand fein behaart), beiderseits in der Jugend behaart und daher weich anzufühlen, oberseits später matt dunkelgrün und nur noch wenig anliegend behaart, unterseits graugrün und schwach behaart bleibend; Laubblätter an den Zweigenden gehäuft.
Zweige: Junge Zweige rotbraun und besonders an ihrem Ende dicht behaart.

65 Moorbeere – Vaccínium uliginósum L.s.l.

Merkmale: Von Mai bis Juni blühender, sommergrüner Strauch von 15–90 cm Wuchshöhe und unterirdisch im Rohhumus kriechenden Zweigen.
Standort: Von der kollinen bis in die subalpine Stufe in Birken- und Kiefernmooren, Heidemooren, moorigen Wäldern, Hecken, lockeren Arven- und Legföhrenbeständen und Zwergstrauchheiden der Hochgebirge auf frischen bis nassen, nährstoff- und basenarmen, sauer humosen Stein- und Torfböden.
Laubblätter: 5–20 mm lang und mit einem 1–2 mm langen, oberseits etwas rinnigen Stiel; Blattspreite im Umriss elliptisch, verkehrt eiförmig oder rundlich, derb, am Ende meist abgerundet, seltener stumpf oder etwas eingedrückt, ganzrandig, oberseits mittelgrün, unterseits blaugrün mit stark hervortretenden dunkelgrünen Adern, anfangs etwas behaart und später verkahlend; Laubblätter wechselständig angeordnet.
Zweige: Junge Zweige graubraun bis rotbraun und kahl.

66 Sanddorn – Hippóphaë rhamnoídes L.

Merkmale: Von März bis April blühender, sommergrüner, dorniger, dicht verzweigter Strauch oder bis 8 m hoher Baum.
Standort: In der kollinen und montanen Stufe in Kiesgruben, lichten Föhrenwäldern, an warmen Hängen, Flussufern, Strassenböschungen und im Felsschutt; lichtbedürftiges Pioniergehölz.
Laubblätter: 5–7 cm lang und sitzend oder mit einem 1–3 mm langen, weissen Stiel; Blattspreite im Umriss linealisch bis lanzettlich, am Ende stumpf oder zugespitzt, an der Basis keilförmig verschmälert, ganzrandig (Ränder oft etwas schwach eingerollt), beiderseits glänzend silberschilferig, oberseits graugrün und mit zerstreuten Schüppchen, unterseits silberweiss und mit Seitenadern, die kaum mehr sichtbar sind; Laubblätter wechselständig angeordnet.
Zweige: Junge Zweige dick, dunkelrotbraun bis grau und mit Sternschuppen bedeckt.

67 Behaarter Ginster – Genísta pilósa L.

Merkmale: Von April bis Juni blühender, sommergrüner Zwergstrauch von 10–30 cm Wuchshöhe.
Standort: In der kollinen Stufe in lichten Wäldern, an Felsen, Waldrändern und auf mageren, meist kalkarmen, sandigen, steinigen und sonnigen Heiden; sommerwarme und trockene Lagen werden bevorzugt; im Schwarzwald nicht selten bis auf 1100 m hinaufsteigend.
Laubblätter: 3–12 mm lang und sitzend oder sehr kurz gestielt; Blattspreite im Umriss schmal verkehrt eiförmig bis lanzettlich, am Ende ausgerandet oder eingedrückt, an der Basis keilförmig verschmälert, ganzrandig, beiderseits kurz anliegend behaart und dunkelgrün; ältere Blätter auch kahl; Hauptader auf der Unterseite hellgrün gefärbt; Laubblätter wechselständig angeordnet.
Zweige: Junge Zweige grün, fein behaart und kantig.

68 Preiselbeere – Vaccínium vítis-idaéa L.

Merkmale: Von Mai bis Juni blühender, immergrüner Zwergstrauch von 10–30 cm Wuchshöhe.
Standort: Von der kollinen bis in die alpine Stufe auf Rohhumus in lichten Fichten-, Arven- und Lärchenwäldern, Wacholdergebüschen, Zwergstrauchgesellschaften, Heiden und Mooren.
Laubblätter: 1–3 cm lang und mit einem 2–5 mm langen, flaumig behaarten Stiel; Blattspreite im Umriss elliptisch bis verkehrt eiförmig, derb, lederig, am Ende meist ausgerandet, an der Basis stumpf oder keilförmig verschmälert, meist ganzrandig (Ränder etwas umgerollt, auch fein gezähnelt oder kurz gekerbt), oberseits dunkelgrün und mit weisslichen Adern, unterseits graugrün und mit kleinen braunen Drüsenhaaren (daher punktiert erscheinend); Laubblätter wechselständig angeordnet.
Zweige: Junge Zweige rundlich, grün bis oliv und schuppig beblättert.

69 Ginkgo, Silberbaum – Gínkgo bíloba L.

Merkmale: Von Mai bis Juni blühender, sommergrüner Baum von 30–40 m Wuchshöhe.
Standort: Aus China stammender, dekorativer Park- und Strassenbaum; alle in Europa angepflanzten Bäume (dies seit 1730) stammen von Exemplaren aus ostasiatischen Tempelgärten ab.
Laubblätter: 6–10 cm lang und mit einem 2–9 cm langen Stiel versehen; Blattspreite fächerförmig, mit unregelmässig gewelltem Rand (nicht selten auch mit einem tiefeingeschnittenen Oberrand), an der Basis stumpf bis breitkeilförmig, beiderseits kahl, mittel- bis dunkelgrün und mit fein gabelig verzweigten Adern; Laubblätter an Kurztrieben zu 3–6 einander rosettig genähert, an Langtrieben (neue Triebe) wechselständig angeordnet.
Zweige: Junge Zweige graubraun bis braun und unbehaart.

70 Buchs – Búxus sempervírens L.

Merkmale: Von April bis Mai blühender, immergrüner, dicht verzweigter Strauch oder bis 16 m hoher Baum.
Standort: In der kollinen und montanen Stufe in warmen Lagen vor allem in Laubmischwäldern, Trockenwiesen, Gärten, Parkanlagen; in Griechenland bis 2000 m.
Laubblätter: 1–3 cm lang und mit einem bis 2 mm langen, oft etwas geflügelten Stiel; Blattspreite im Umriss schmal elliptisch bis länglich eiförmig, lederig, in der Mitte oder leicht darunter am breitesten, am Ende ausgerandet, seltener abgerundet, an der Basis keilförmig verschmälert, ganzrandig (Ränder schwach nach unten gebogen), oberseits glänzend dunkelgrün mit weisslicher und etwas eingesenkter Mittelader, unterseits hellgrün und mit deutlich hervortretender Mittelader; Laubblätter gegenständig angeordnet.
Zweige: Junge Zweige 4kantig, olivgrün und kurz behaart.

71 Netz-Weide – Sálix reticuláta L.

Merkmale: Von Juli bis August blühender, sommergrüner, dem Boden aufliegenden Zwergstrauch mit 5–30 cm langen Zweigen.
Standort: In der subalpinen und alpinen Stufe in Schneetälchen, auf lockeren Gratrasen und Felsblöcken; in Nordeuropa auch in der Ebene wachsend; Pionierzwergstrauch.
Laubblätter: 1–4,5 cm lang und mit einem 3–20 mm langen, beiderseits rötlich gefärbten Stiel; Blattspreite im Umriss breit elliptisch bis rundlich, am Ende stumpf oder abgerundet, an der Basis breit keilförmig oder abgerundet, ganzrandig, oberseits dunkelgrün, zuerst behaart, später kahl, mit eingesenkten Adern (deutlich netzaderig) und unterseits grau bis weisslichgrün, mit stark hervortretenden Adern; Ränder schwach nach unten gebogen; Laubblätter wechselständig angeordnet.
Zweige: Junge Zweige unterseits grünlich bis helloliv, oberseits oliv bis dunkeloliv und kahl.

72 Stumpfblättrige Weide – Sálix retúsa L.

Merkmale: Von Juni bis Juli blühender, sommergrüner, niederliegender Zwergstrauch von 5–30 cm Länge.
Standort: Von der montanen bis in die alpine Stufe in Nordlagen mit 8 10 Monaten Schneebedeckung (Charakterpflanze der Seetälchen Gesellschaft), an feuchten Einhängen, auf Felsblöcken und Alluvionen.
Laubblätter: 4–20 mm lang und mit einem 2–5 mm langen Stiel; Blattspreite im Umriss verkehrt eiförmig bis länglich eiförmig oder spatelig, am Ende abgerundet, stumpf oder ausgerandet, an der Basis keilförmig verschmälert, ganzrandig, seltener mit kleinen Zähnchen, oberseits glänzend mittel- bis dunkelgrün und kahl, unterseits glänzend mittel- bis weisslichgrün und nur in der Jugend schwach behaart; Laubblätter wechselständig angeordnet.
Zweige: Junge Zweige unterseits grün, oberseits rötlichbraun und kahl.

73 Mäusedorn – Rúscus aculeátus L.

Merkmale: Von März bis April blühender, immergrüner und bewehrter Strauch von 40–80 cm Wuchshöhe.
Standort: In der kollinen und montanen Stufe an südexponierten Hängen (steinige, buschige Hänge) in den wärmsten Lagen am Jurasüdfuss, auf der Alpensüdseite und im Mittelmeergebiet.
Laubblätter: Nur einige mm gross, schuppenförmig, bald vertrocknend und an der Pflanze bleibend; die eigentlichen Flachsprosse (hier als Blätter in Erscheinung tretend) im Umriss spitz elliptisch bis spitz eiförmig, am Ende lang und fein zugespitzt und mit einem Stachel endend, an der Basis keilig verschmälert, ganzrandig, beiderseits mittelgrün und mit dunkelgrünen parallel verlaufenden Adern, unterseits zusätzlich oft gekielt; die blattartigen Sprosse wechselständig angeordnet.
Zweige: Junge und ältere Zweige grün und stark gefurcht.

74 Liguster – Ligústrum vulgáre L.

Merkmale: Von Juni bis Juli blühender, sommergrüner, aufrecht wachsender Strauch von 4–7 m Wuchshöhe.
Standort: In der kollinen (seltener montanen) Stufe in lichten Laub- und Kiefernwäldern, Hecken, an sonnigen Rainen, Waldrändern, Ufern, Mauern und auf Magerwiesen; einzige in Europa lebende Art dieser Gattung ist der gemeine Liguster; Hauptverbreitungsgebiet der Gattung liegt in Süd- und Ostasien.
Laubblätter: 3–7 cm lang und mit einem 5–15 mm langen Stiel; Blattspreite im Umriss lanzettlich bis länglich elliptisch, am Ende zugespitzt, an der Basis keilförmig verschmälert, ganzrandig, beiderseits kahl, oberseits mittel- bis dunkelgrün, unterseits etwas heller grünlich und mit einer stark hervortretenden Mittelader; Laubblätter gegenständig angeordnet.
Zweige: Junge Zweige grauoliv, graubraun, kahl und starr aufrecht wachsend.

75 Kirsch-Lorbeer – Prúnus laurocérasus L.

Merkmale: Von April bis Mai blühender, immergrüner Strauch oder bis 8 m hoher Baum.
Standort: In der kollinen Stufe in Gärten, Parkanlagen und bei Friedhöfen angepflanzt; seit dem 15. Jahrhundert in Mitteleuropa kultiviert; verwildert in lichten Eichenwäldern als Unterwuchs, in Hecken, an felsigen Hängen und Mauern; die ursprüngliche Heimat ist Südosteuropa.
Laubblätter: 10–25 cm lang und mit einem 5–10 mm langen Stiel; Blattspreite im Umriss länglich elliptisch bis länglich verkehrt eiförmig, steif, lederartig, dick, im unteren Teil meist mit 4 Drüsen, am Ende kurz und schmal zugespitzt, an der Basis schmal keilförmig, beiderseits kahl, oberseits dunkelgrün und lackartig glänzend, unterseits hellgrün und mit stark hervortretender Mittelader; Laubblätter wechselständig angeordnet.
Zweige: Junge Zweige grün, gefurcht und kahl.

76 Oleander – Nérium oleánder L.

Merkmale: Von Juni bis Oktober blühender, immergrüner, aufrechter und buschiger Strauch von 2–6 m Wuchshöhe.
Standort: Im Mittelmeerraum häufig in trockenen Flussbetten, auf Kiesböden und an felsigen Abhängen; Kultur des Oleanders nur in den mildesten Gebieten möglich; für reiche Blütenbildung ist eine winterliche Temperatur von 5–8 Grad Celsius notwendig.
Laubblätter: 6–15 cm lang und mit einem 3–7 mm langen Stiel; Blattspreite im Umriss lineal lanzettlich, zugespitzt, an der Basis keilförmig in den Stiel verschmälert, ganzrandig, oberseits mittel- bis dunkelgrün und kahl, unterseits grau- bis hellgrün, spärlich behaart oder kahl und mit stark hervortretender Mittelader; Seitenadern zahlreich, eng beieinander liegend und zueinander meist parallel verlaufend; Laubblätter meist zu 3 oder 4 in Quirlen, seltener gegenständig angeordnet.
Zweige: Junge Zweige dunkelgrün.

77 Mistel – Víscum álbum L. ssp. álbum

Merkmale: Von März bis April blühender, wintergrüner, gabelästiger, fast kugeliger und bis 1 m breiter Strauch.
Standort: In der kollinen und montanen Stufe auf Bäumen wachsend:
1. Rasse als Laubholzmistel auf Pappeln, Weiden, Birken, Hainbuchen, Kastanien, Linden.
2. Rasse als Tannen-Mistel auf Weisstannen.
3. Rasse als Föhren-Mistel auf Waldkiefer und Fichten.
Laubblätter: 2–6,5 cm lang und ungestielt; Blattspreite im Umriss spatelförmig, schmal verkehrt eiförmig oder schmal elliptisch, am Ende abgerundet, an der Basis keilförmig verschmälert, beiderseits gelbgrün und kahl; im Winter Blätter eine mehr gelbliche Färbung annehmend.
Zweige: Gabelig verzweigte Äste grün bis oliv und kahl.

78 Lorbeerbaum – Láurus nóbilis L.

Merkmale: Im April blühender, immergrüner Strauch oder Baum von höchstens 8 m Wuchshöhe.
Standort: In der kollinen Stufe in lichten Hecken und an felsigen Hängen; besonders im Mittelmeerraum kultiviert; stammt ursprünglich aus Kleinasien; diese Art ist eine wichtige Leitpflanze der mediterranen Hartlaubregion; seit der Zeit Ludwig des XIV. in Eingangshallen und Wintergärten kultiviert.
Laubblätter: 5–12 cm lang und mit einem 1–4 cm langen, meist rötlich gefärbten Stiel; Blattspreite im Umriss länglich lanzettlich bis schmal elliptisch, am Ende zugespitzt, an der Basis keilförmig verschmälert, ganzrandig (Ränder etwas gewellt), beiderseits kahl, oberseits mittel- bis dunkelgrün und unterseits heller grün; Laubblätter wechselständig angeordnet.
Zweige: Junge Zweige rötlichgrün und kahl.

79 Ölbaum – Olea europáea L.

Merkmale: Im Mai blühender, immergrüner Strauch oder Baum von höchstens 10 m Wuchshöhe.
Standort: Eine ursprünglich mediterrane Pflanze; heute ist sie durch Kultur auf der ganzen Erde in wärmeren Gebieten verbreitet; seit dem Altertum spielt der Ölbaum eine wichtige Rolle bei religiösen Handlungen; die Ölbaumkultur ist wahrscheinlich von semitisch-hamitischen Völkern ausgegangen.
Laubblätter: 4–7 cm lang und mit einem 2–6 mm langen Stiel; Blattspreite im Umriss lanzettlich, derb, lederig, am Ende zugespitzt und oft mit einer kleinen Spitze, an der Basis keilförmig verschmälert, ganzrandig (Ränder oft etwas gewellt), oberseits matt dunkelgrün und beinahe kahl, unterseits grauweiss bis silbergrau und mit schuppenförmigen Haaren bedeckt; Laubblätter gegenständig angeordnet.
Zweige: Junge Zweige graugrün.

80 Immergrüne Bärentraube – Arctostáphylos úva-úrsi (L.) Spreng.

Merkmale: Von April bis Juli blühender, immergrüner, dichte Teppiche bildender, sparriger Strauch mit 30–100 cm langen Zweigen.
Standort: Von der montanen (seltener kollinen) bis in die alpine Stufe in lichten Föhrenwäldern, auf Lehmböden zusammen mit Heidekraut und über der Waldgrenze in Zwergstrauchbeständen.
Laubblätter: 1–3 cm lang und mit einem 1–3 mm langen, weiss behaarten Stiel; Blattspreite im Umriss verkehrt eiförmig oder verkehrt eilänglich, mit der grössten Breite oberhalb der Mitte, lederig, am Ende stumpf oder ausgerandet, an der Basis keilförmig verschmälert, beiderseits kahl, oberseits dunkelgrün und mit einer hellen Hauptader, unterseits hellgrün und mit einem dunkelgrünen Adernetz; Laubblätter wechselständig angeordnet.
Zweige: Junge Zweige schattenseits hellgrün, lichtseits rötlich überlaufen.

81 Flieder – Syrínga vulgáris L.

Merkmale: Im Mai blühender, sommergrüner Strauch oder kleiner Baum von 2–8 m Wuchshöhe.
Standort: In der kollinen und montanen Stufe in vielen Formen und Hybriden seit dem 16. Jahrhundert in Europa kultiviert; in Südosteuropa in Hecken, lichten Wäldern, an sonnigen oder halbschattigen Felshängen und entlang von Waldrändern; der gemeine Flieder wurde um 1560 durch den Gesandten Busbecq von Konstantinopel nach Wien gebracht.
Laubblätter: 5–10 cm lang und mit einem 1–3 cm langen Stiel; Blattspreite im Umriss spitz eiförmig oder spitz elliptisch, am Ende lang zugespitzt, an der Basis gestutzt oder herzförmig, beiderseits kahl, oberseits dunkelgrün und unterseits heller weisslich- bis bläulichgrün; Laubblätter gegenständig angeordnet.
Zweige: Junge Zweige oliv bis graubraun, früh rissig und kahl.

82 Spiessblättrige Weide – Sálix hastáta L.

Merkmale: Von Juni bis August blühender, sommergrüner Strauch von 30–100 cm Wuchshöhe.
Standort: Besonders in der montanen und subalpinen Stufe in Hochstaudengebüschen, Schutthalden, im Erlengebüsch und auf ständig durchfeuchteten Alluvionen der Flüsse und Bäche.
Laubblätter: 2–8 cm lang und mit einem 5–12 mm langen, oberseits rinnigen Stiel; Blattspreite im Umriss elliptisch bis eiförmig, am Ende zugespitzt oder etwas abgerundet, an der Basis abgerundet oder schwach herzförmig, ganzrandig oder mit nur sehr kleinen Zähnchen, oberseits dunkelgrün und kahl, unterseits hell blaugrün und anfangs auf den Adern behaart (hellgrüne Adern deutlich hervortretend); Laubblätter wechselständig angeordnet.
Zweige: Junge Zweige grünlich, braunrot und etwas behaart.

83 Quittenbaum – Cydónia oblónga Mill.

Merkmale: Von Mai bis Juni blühender, sommergrüner Strauch oder kleiner Baum von 1–8 m Wuchshöhe.
Standort: In der kollinen und montanen Stufe als wertvoller Fruchtbaum in zahlreichen grossfrüchtigen Kulturformen in Gärten, Parkanlagen und Weinbergen kultiviert; seltener verwildert an sonnigen Hängen, Waldrändern und in Hecken; die Quitte verlangt einen kalkhaltigen, trockenen und tiefgründigen Boden.
Laubblätter: 5–10 cm lang und mit einem 1–2 cm langen, filzig behaarten Stiel; Blattspreite im Umriss elliptisch bis breit eiförmig, am Ende stumpf, kurz abgerundet oder schwach zugespitzt, an der Basis meist abgerundet oder seltener herzförmig, oberseits dunkelgrün und meist kahl und unterseits durch verflochtenen Haarpelz graufilzig; Laubblätter wechselständig angeordnet.
Zweige: Junge Zweige oliv bis rotbraun und grauweiss erscheinend (Haarkleid).

84 Gewöhnliche Steinmispel – Cotoneáster integérrimus Med.

Merkmale: Von April bis Mai blühender, sommergrüner, buschiger, reich verzweigter Strauch von 1–2 m Wuchshöhe.
Standort: Von der kollinen bis in die subalpine (seltener alpinen) Stufe in wärmeren Lagen in Felsspalten, Wäldern, Hecken, Zwergstrauch-Beständen, an sonnigen Felsen und Felsbändern.
Laubblätter: 2–4 cm lang und mit einem 3–6 mm langen, fein behaarten Stiel; Blattspreite im Umriss breit elliptisch, eiförmig oder rundlich, am Ende stumpf oder zugespitzt, meist mit einer Stachelspitze, an der Basis keilförmig verschmälert, stumpf oder abgerundet, ganzrandig (Ränder sehr lange fein behaart), oberseits dunkelgrün und kahl, unterseits dicht weiss- oder gelbgraufilzig behaart und damit graugrün erscheinend; Laubblätter wechselständig angeordnet.
Zweige: Junge Zweige braunrot und an der Spitze grauwollig behaart.

85 Filzige Steinmispel – Cotonéaster tomentósus (Ait.) Lindley

Merkmale: Von Mai bis Juli blühender, sommergrüner, nur mässig verzweigter Strauch von höchstens 5 m Wuchshöhe.
Standort: Von der kollinen bis in die subalpine Stufe in lichten Eichen- und Mischwäldern, Hecken und an Waldsäumen in halbschattigen bis sonnigen und sommerwarmen Lagen.
Laubblätter: 3–6 cm lang und mit einem 2–7 mm langen, stark filzig behaarten Stiel; Blattspreite im Umriss elliptisch bis breit eiförmig, am Ende stumpf, seltener abgerundet (auch mit aufgesetzter Spitze), an der Basis schwach herzförmig, abgerundet oder stumpf, ganzrandig, oberseits dunkelgrün und lockig behaart, unterseits dicht filzig behaart und dadurch grau bis weiss erscheindend; Laubblätter wechselständig angeordnet.
Zweige: Junge Zweige rötlichbraun und graufilzig.

86 Rot-Buche – Fágus sylvática L.

Merkmale: Von April bis Mai blühender, sommergrüner Baum von 20–40 m Höhe.
Standort: In der kollinen und montanen (seltener subalpinen) Stufe in verschiedenen Waldtypen bestandbildend; auf lockeren, kalkarmen oder kalkreichen, sickerfeuchten, etwas tonigen und im Nährstoff- und Wasserhaushalt ausgeglichenen Böden.
Laubblätter: 5–10 cm lang und mit einem 3–15 mm langen und oft dunkel gefärbten Stiel; Blattspreite im Umriss elliptisch bis breit eiförmig, mit der grössten Breite in der Mitte oder im unteren Bereich, am Ende kurz zugespitzt oder mit kurzer aufgesetzter Spitze, an der Basis keilförmig verschmälert oder abgerundet, ganzrandig (Rand wellig und mit weissen Haaren besetzt), in der Jugend weichhaarig, später oberseits kahl und glänzend dunkelgrün und unterseits mittelgrün; Laubblätter wechselständig angeordnet.
Zweige: Junge Zweige braun, zickzackförmig geknickt und etwas behaart.

87 Roter Hornstrauch – Córnus sanguínea L.

Merkmale: Von Mai bis Juni blühender, sommergrüner Strauch von 1–5 m Wuchshöhe.
Standort: In der kollinen (seltener montanen) Stufe in Hecken, lichten Laubmischwäldern, Auenwäldern, an sommerwarmen und sommertrockenen Hängen und entlang von Waldrändern.
Laubblätter: 4–10 cm lang und mit einem 5–15 mm langen, oberseits meist dunkelrot gefärbten, rinnigen Stiel; Blattspreite im Umriss elliptisch bis breit eiförmig, am Ende zugespitzt, an der Basis meist abgerundet oder keilförmig verschmälert, ganzrandig (Rand oft etwas gewellt), beiderseits zerstreut behaart, oberseits mittel- bis dunkelgrün und mit deutlich sichtbaren Adern 1. und 2. Ordnung, unterseits heller grün, besonders bei den Adern fein kraushaarig und mit deutlich hellgrünen Adern; Laubblätter gegenständig angeordnet.
Zweige: Junge Zweige behaart, lichtseits dunkelrot, schattenseits gelblichgrün.

88 Kornelkirsche – Córnus más L.

Merkmale: Von Februar bis April blühender, sommergrüner Strauch oder kleiner Baum von 3–6 m Wuchshöhe.
Standort: In der kollinen (seltener montanen) Stufe in trockenen Laubmischwäldern, Hecken, an sommerwarmen trockenen Hängen und entlang von Waldrändern.
Laubblätter: 4–10 cm lang und mit einem 3–15 mm langen, etwas rinnigen, oft rötlich gefärbten, fein weisslich behaarten Stiel; Blattspreite im Umriss schmal elliptisch bis eiförmig, am Ende meist zugespitzt, an der Basis keilförmig verschmälert oder abgerundet, ganzrandig (Rand oft etwas gewellt), beiderseits zerstreut weiss und anliegend behaart, oberseits mittel- bis dunkelgrün, unterseits hell- bis mittelgrün und Adern stark hervortretend; in den Winkeln der Adern oft etwas weissbärtig; Laubblätter gegenständig angeordnet.
Zweige: Junge Zweige grünlich, an der Lichtseite violett überlaufen und behaart.

89 Orange, Apfelsine – Cítrus sinénsis (L.) Pers.

Merkmale: Von Februar bis Juni blühender, immergrüner Baum von 5–10 m Wuchshöhe.
Standort: In weiten Teilen des Mittelmeerraumes wird die Orange in grossem Umfang angepflanzt; ursprüngliche Heimat ist Ostasien.
Laubblätter: 3–7 cm lang und mit einem 5–20 mm langen und deutlich grün geflügelten Stiel; Blattspreite im Umriss elliptisch, breit elliptisch oder verkehrt eiförmig, fest, lederig, am Ende zugespitzt und zuoberst etwas abgerundet oder mit aufgesetzter Spitze, an der Basis keilförmig verschmälert, ganzrandig, beiderseits kahl, oberseits glänzend dunkelgrün, unterseits hellgrün und mit deutlich hervortretenden Adern; Laubblätter wechselständig angeordnet.
Zweige: Junge Zweige grün und bedornt, später glatt und dunkelbraun bis schwärzlich gefärbt.

90 Zitrone – Cítrus límon (L.) Burm.

Merkmale: Von Februar bis Juni blühender, immergrüner Baum von 5–10 m Wuchshöhe.
Standort: In zahlreichen Sorten im Mittelmeerraum und Gebieten mit vergleichbarem Klima weltweit angepflanzt.
Laubblätter: Denjenigen der Orange sehr ähnlich; 3–7 cm lang und mit einem 5 bis 20 mm langen, meist schwach geflügelten Stiel, der an seiner Ansatzstelle meist einen Dorn trägt; Blattspreite im Umriss schmal elliptisch bis elliptisch, fest, lederig, am Ende zugespitzt, an der Basis keilförmig, ganzrandig oder schwach gekerbt bis gezähnelt, beiderseits kahl, oberseits glänzend dunkelgrün und unterseits hellgrün; Haupt- und Seitenadern stark hervortretend; Laubblätter wechselständig angeordnet.
Zweige: Junge Zweige grün, mit Dornen besetzt und später mittelbraun- bis dunkelbraun oder schwarzbraun.

91 Garten- oder Tulpenmagnolie – Magnólia x soulangiána Soul. Bod.

Merkmale: Von Juni bis Juli blühender, sommergrüner Strauch oder kleiner Baum von 1–5 m Wuchshöhe.
Standort: In zahlreichen Formen in Gärten und Parkanlagen angepflanzt; 1820 entstand diese Art bei Soulange-Bodin in Fromont bei Paris; die erste Pflanze blühte 1826.
Laubblätter: 10–20 cm lang und mit einem 1–4 cm langen Stiel; Blattspreite im Umriss länglich elliptisch oder meist schmal verkehrt eiförmig, im vorderen Drittel am breitesten, am Ende mit einer aufgesetzten Spitze, an der Basis keilförmig verschmälert, ganzrandig, oberseits mittel- bis dunkelgrün und unbehaart, unterseits heller grün, etwas behaart und mit stark hervortretenden gelblichweissen Adern; Laubblätter wechselständig angeordnet.
Zweige: Junge Zweige graugrün, später mittel- bis dunkelbraun.

92 Immergrüne Magnolie – Magnólia grandiflóra L.

Merkmale: Von Juni bis Juli blühender, reichverzweigter, immergrüner Baum von 15 bis 25 m Wuchshöhe.
Standort: Aus dem südöstlichen Nordamerika stammender, heute vor allem im Mittelmeerraum als Zierbaum in Gärten und Parkanlagen vielfach angepflanzt.
Laubblätter: 8–20 cm lang und mit einem 20–25 mm langen, dicken, dicht rostbraun bis braunrot behaarten Stiel; Blattspreite im Umriss elliptisch bis breit elliptisch, derb, lederig, erst im 2. Jahr abfallend, am Ende stumpf mit oft auch abgerundeter Spitze oder zugespitzt, an der Basis keilförmig verschmälert, ganzrandig, oberseits glänzend dunkelgrün und kahl, unterseits etwas heller grün und auffallend rostrot flaumhaarig; Laubblätter wechselständig angeordnet.
Zweige: Junge Zweige kräftig braunrot filzig, später glatt, graubraun bis grau schwärzlich gefärbt.

93 Schwarzes Geissblatt – Lonícera nígra L.

Merkmale: Von Mai bis Juni blühender, sommergrüner Strauch von 1–2 m Wuchshöhe.
Standort: In der montanen und subalpinen Stufe in krautreichen Bergmischwäldern, Hecken, an Waldrändern und zwischen Felsbrocken auf frischen, feuchten und meist steinigen Böden.
Laubblätter: 3–8 cm lang und mit einem 2–8 mm langen, oberseits etwas rinnigen Stiel; Blattspreite im Umriss elliptisch, breit elliptisch bis verkehrt eiförmig, am Ende kurz zugespitzt, an der Basis abgerundet, gestutzt oder keilförmig verschmälert, ganzrandig (Ränder oft etwas gewellt), oberseits mittel- bis dunkelgrün und kahl, unterseits mittelgrün, der Hauptader entlang flaumhaarig und mit stark hervortretenden hellgelben Adern; Laubblätter gegenständig angeordnet.
Zweige: Junge Zweige kupferglänzend bis braunrot, mit kleinen schwarzen Punkten.

94 Rotes Geissblatt – Lonícera xylósteum L.

Merkmale: Von Mai bis Juni blühender, sommergrüner Strauch von 1–3 m Wuchshöhe.
Standort: In der kollinen und montanen Stufe in krautreichen Eichenwäldern, Hecken, Buchen- und Nadelmischwäldern, lichten Kiefernwäldern, Lichtungen, an Waldsäumen und bei Zäunen.
Laubblätter: 2–6 cm lang und mit einem 5–10 mm langen, oberseits oft rötlich gefärbten, dicht anliegend behaarten Stiel; Blattspreite im Umriss elliptisch, breit eiförmig oder verkehrt eiförmig, am Ende stumpf oder zugespitzt, an der Basis keilförmig verschmälert oder abgerundet, ganzrandig (Ränder leicht weisslich gewimpert), beiderseits anliegend behaart, oberseits mittel- bis dunkelgrün und unterseits bläulichgrün; Adern unterseits deutlich hervortretend; Laubblätter gegenständig angeordnet.
Zweige: Junge Zweige graubraun bis rotbraun, später heller grau bis weisslich graubraun und längsrissig.

95 Alpen-Geissblatt – Lonícera alpígena L.

Merkmale: Im Mai blühender, sommergrüner Strauch von 1–2 m Wuchshöhe.
Standort: In der montanen und subalpinen Stufe in krautreichen Buchen- und Bergmischwäldern, Schluchtwäldern, Lichtungen, an buschigen Abhängen und entlang von Waldrändern.
Laubblätter: 8–12 cm lang und mit einem 1–2 cm langen Stiel; Blattspreite im Umriss elliptisch oder verkehrt eiförmig, am Ende kurz zugespitzt, an der Basis gestutzt oder keilförmig verschmälert, ganzrandig (bei jüngeren Blättern Ränder fein und gleichmässig gewimpert), beiderseits kahl, oberseits dunkelgrün und mit deutlich eingesenkten Adern, unterseits heller grün, stark glänzend und der Hauptader entlang fein behaart; Laubblätter gegenständig angeordnet.
Zweige: Junge Zweige hellbraun bis graubraun, mit zahlreichen dunkelbraunen bis schwärzlichen Punkten und kahl.

96 Blaues Geissblatt – Lonícera coerúlea L.

Merkmale: Bis Juli blühender, sommergrüner Strauch von 50–150 cm Wuchshöhe.
Standort: Von der montanen bis in die subalpine Stufe in Kiefern-Hochmooren, Bergföhrenwäldern, Alpenrosen-Gesellschaften, an felsigen Stellen mit saurem Rohhumus und bei wasserzügigen Runsen.
Laubblätter: 2–8 cm lang und mit einem 1–4 mm langen, etwas behaarten, am Grunde verbreiterten Stiel; Blattspreite im Umriss elliptisch, länglich elliptisch oder verkehrt eiförmig, am Ende stumpf oder abgerundet, nicht selten mit einer aufgesetzten Stachelspitze, an der Basis abgerundet, ganzrandig, in der Jugend beiderseits behaart, oberseits dunkelgrün und schnell verkahlend, unterseits bläulichgrün, bis auf den Blattstiel verkahlend und mit deutlich hervortretender hellgrüner bis gelblichgrüner Hauptader; Laubblätter gegenständig angeordnet.
Zweige: Junge Zweige rotbraun, später mittel- bis dunkelbraun.

97 Garten-Geissblatt – Lonícera caprifólium L.

Merkmale: Von Mai bis Juni blühender, sommergrüner und bis 4 m hoch kletternder holziger Schlingstrauch.
Standort: In der kollinen Stufe häufig in Gärten und bei Lauben wachsend; verwildert in Eichenmischwäldern und Hecken; Rechtswinder.
Laubblätter: 2–10 cm lang und kurz gestielt oder ungestielt; Blattspreite im Umriss schmal eiförmig bis elliptisch, im oberen Bereich der Pflanze paarweise verwachsen; das oberste Blattpaar zu einem ovalen oder kreisrunden Blatt verwachsen; Spreitenende meist stumpf, gelegentlich kurz zugespitzt; Spreitenbasis keilförmig verschmälert, abgerundet oder herzförmig; Ränder ganz und kahl; Oberseite dunkelgrün und kahl; Unterseite bläulich graugrün und am Grunde zuerst etwas behaart; Laubblätter gegenständig angeordnet.
Zweige: Junge Zweige rötlichbraun.

98 Faulbaum, Pulverholz – Rhámnus frángula L.

Merkmale: Von Mai bis Juni blühender, sommergrüner Strauch von 1–3 m Wuchshöhe.
Standort: In der kollinen und montanen Stufe in Auenwäldern, Erlenbrüchen, Birkenmooren, lichten Wäldern mit staunassen Böden, Mooren und entlang von Wasserläufen; vor allem zusammen mit Schwarz- und Grauerle, Traubenkirsche und gemeinem Schneeball.
Laubblätter: 3–7 cm lang und mit einem 6–14 mm langen Stiel; Blattspreite im Umriss elliptisch bis breit elliptisch, am Ende mit kurzer aufgesetzter Spitze, an der Basis gestutzt oder keilförmig verschmälert, ganzrandig, beiderseits kahl, oberseits dunkelgrün und unterseits glänzend hellgrün mit stark hervortretenden hellgelbgrünen Adern; Laubblätter wechselständig angeordnet.
Zweige: Junge Zweige braunrot bis braunschwarz, durch dichtes und kurzes Haarkleid aufgehellt.

99 Windendes Geissblatt – Lonícera periclymenum L.

Merkmale: Von Juni bis August blühende, sommergrüne, bis 5 m hoch kletternde, rechtswindende Liane.
Standort: In der kollinen Stufe in Eichen- und Buchenmischwäldern, Erlenbeständen, Hecken, Kahlschlägen, an buschigen Abhängen und entlang von Zäunen; bevorzugt sommerwarmes und wintermildes Klima; der Verbreitungsschwerpunkt liegt im atlantischen Europa.
Laubblätter: 4–10 cm lang mit bis 7 mm langen Stielen (untere Blätter) oder sitzend (oberstes Blattpaar); Blattspreite im Umriss elliptisch bis verkehrt eiförmig, am Ende stumpf oder zugespitzt, an der Basis keilförmig verschmälert, ganzrandig, beiderseits kahl, oberseits dunkelgrün, unterseits blaugrün und nur in der Jugend etwas behaart; Laubblätter gegenständig angeordnet.
Zweige: Junge Zweige schattenseits grünlich, sonnenseits gerötet.

100 Breitblättriges Pfaffenhütchen – Euónymus latifólia (L.) Mill.

Merkmale: Im Mai und Juni blühender, sommergrüner, lockerästiger Strauch mit 2 bis 5 m Wuchshöhe.
Standort: In der kollinen und montanen Stufe in warmen und feuchten Lagen in krautreichen Laubmischwäldern, Schluchten, Gebüschen, entlang von Waldrändern und auf Kahlschlägen.
Laubblätter: 7–14 cm lang und mit einem 5–10 mm langen, oberseits rinnigen Stiel; Blattspreite im Umriss elliptisch bis verkehrt eiförmig, am Ende zugespitzt, an der Basis gestutzt oder keilförmig verschmälert, ganzrandig (mit der Lupe nur erkennbare feine und gleichmässige Zähnung), beiderseits kahl, oberseits dunkelgrün und unterseits hellgrün mit hervortretenden Adern; Laubblätter gegenständig angeordnet.
Zweige: Junge Zweige grünlich bis rötlich und 4kantig bis gerundet; später Äste aschfarben und feinrissig.

101 Steineiche – Quércus ílex L.

Merkmale: Von Mai bis Juni blühender, immergrüner Baum von 15–25 m Wuchshöhe.
Standort: Weit verbreitet im Mittelmeergebiet; in Steineichenwäldern verbreitet; in wintermilden Klimalagen (zum Beispiel im Rheinland) als Zierbaum in Parkanlagen und grossen Gärten angepflanzt.
Laubblätter: 3–8 cm lang und mit einem 7–15 mm langen, lange weissfilzig bleibenden Stiel; Blattspreite im Umriss formenreich; meist etwas länglich eiförmig bis eiförmig, mit jederseits 4–7 scharfen Zähnen (oft auch etwas gelappt), am Ende scharf zugespitzt, an der Basis breit keilförmig oder abgerundet; ganzrandig oder wellig und dornig stachelig, lederig und derb, in der Jugend behaart (später oberseits verkahlend), oberseits glänzend dunkelgrün und unterseits durch dichte Behaarung grau bis weisslich erscheinend; Laubblätter wechselständig angeordnet.
Zweige: Junge Zweige graufilzig und später nur allmählich verkahlend.

102 Stechpalme – Ilex aquifólium L.

Merkmale: Im Mai blühender, immergrüner Strauch oder bis 15 m hoher Baum von 3–15 m Wuchshöhe.
Standort: In der kollinen und montanen Stufe besonders in Gegenden mit ozeanischem Klima; in Buchen-, Buchen-Tannen- und Eichen-Hainbuchenwäldern als Unterholz; verschiedentlich auch in Hecken anzutreffen.
Laubblätter: 3–8 cm lang und mit einem 1 cm langen, oberseits meist rinnigen Stiel; Blattspreite im Umriss elliptisch bis eiförmig (bei Altersformen und an Fruchtständen auch ganzrandig und ungezähnt), derb, lederig, am Ende lang und stachelig zugespitzt, an der Basis keilförmig verschmälert, wellig und grob dornig gezähnt (Zähnung je nach Gartenform oder Alter verschieden gestaltet), oberseits glänzend dunkelgrün, unterseits hellgrün und beiderseits kahl; Laubblätter wechselständig angeordnet.
Zweige: Junge Zweige kahl oder spärlich flaumig behaart und lichtseits rotviolett.

103 Edelkastanie – Castánea satíva Mill.

Merkmale: Im Juni blühender, sommergrüner Baum von 20–35 m Wuchshöhe.
Standort: In der kollinen (seltener montanen) Stufe im insubrischen Gebirge Wälder bildend; nördlich der Alpen im Gebiet der Weinrebe und in Föhntälern gepflanzt.
Laubblätter: 10–30 cm lang und mit einem 2–5 cm langen Stiel; Blattspreite im Umriss länglich lanzettlich, stachelig gezähnt (Zähne gross und stets nach vorn gerichtet; Seitenadern laufen jeweils in je eine kräftige zahnartige Spitze aus), derb, lederig, am Ende mit kurzer und schmaler Spitze, an der Basis breitkeilförmig, abgerundet oder seltener herzförmig, oberseits glänzend dunkelgrün und kahl, unterseits matt blassgrün und zuerst filzig behaart, später verkahlend und mit deutlich hervortretenden 15–20 Paaren von Seitenadern; Laubblätter wechselständig angeordnet.
Zweige: Junge Zweige an der Spitze dicht mit kurzen Haaren besetzt, später verkahlend und kantig.

104 Europäischer Stechginster – Ulex europáeus L.

Merkmale: Von April bis Mai blühender, sehr dorniger, 50 cm bis 2 m hoher Strauch mit bis 25 mm langen, dornigen Kurztrieben.
Standort: Eine Charakterpflanze der atlantischen Heide (besonders in West-Europa verbreitet; nördlich bis Schottland und Süd-Skandinavien reichend); in Mitteleuropa in der Ebene in milden Lagen; im Küstengebiet in lichten Eichen- und Föhrenwäldern, an buschigen Hängen; bevorzugt einen trockenen und kalkarmen Sand- oder Lehmboden; in Gärten zur Belebung immergrüner Gehölzreihen angepflanzt.
Laubblätter: Sie sind nur klein, schmal, gelegentlich an sehr wüchsigen Trieben oder an jungen Pflanzen zu finden; alle späteren Laubblätter zu stechenden, grünen und 4 bis 10 cm langen Dornen umgebildet; auch die Kurztriebe verdornen.
Zweige: Oberseits rillig und flaumig behaart; Dornen mit vielen Seitendornen und ebenfalls flaumig behaart; Dornen am Spross wechselständig angeordnet.

105 Silberlinde – Tília tomentósa Moench

Merkmale: Von Mai bis Juni blühender, sommergrüner Baum mit steif aufrechten Ästen und 30 m Wuchshöhe.
Standort: Aus Südosteuropa und dem nördlichen Kleinasien stammende Baumart, die etwa 1770 in Mitteleuropa erstmals angepflanzt wurde; dank ihrer Rauchfestigkeit wurde sie in den Städten zu einem beliebten Strassenbaum.
Laubblätter: 6–12 cm lang und mit einem 2–3,5 cm langen Stiel; Blattspreite im Umriss rundlich herzförmig oder schief herzförmig, am Ende kurz zugespitzt (mit einer schlanken aufgesetzten Spitze), an der Basis meist herzförmig bis schief herzförmig, am Rand meist ziemlich regelmässig gesägt/gezähnt (Zähne vor allem dreieckig), oberseits dunkelgrün und unterseits weiss oder hellgrau filzig; Laubblätter wechselständig angeordnet.
Zweige: Jungtriebe graufilzig; Baum mit steif aufrechten Ästen.

106 Sommer-Linde – Tília platyphyllos Scop.

Merkmale: Im Juni blühender, sommergrüner, meist herzförmig gestalteter Baum von 30–40 m Wuchshöhe.
Standort: In der kollinen (seltener montanen) Stufe in sommerwarmen Lagen an steilen Hängen und bei Felsen; häufig angepflanzt auf Hügelkuppen, in Dörfern oder als Park- und Strassenbaum.
Laubblätter: 7–15 cm lang und mit einem 2–5 cm langen, oft behaarten Stiel; Blattspreite im Umriss herzförmig oder schief herzförmig, am Ende mit einer kurzen aufgesetzten Spitze, an der Basis schief herzförmig oder schief gestutzt, beiderseits behaart, oberseits dunkelgrün, unterseits heller grün und in den Winkeln der Adern mit weisslichen Bärtchen; alle Adern unterseits deutlich hervortretend und mit anstehenden Haaren; Laubblätter wechselständig angeordnet.
Zweige: Junge Zweige schattenseits gelbgrün bis oliv, lichtseits rot bis braunrot.

107 Krimlinde – Tília x euchlóra K. Koch

Merkmale: Im Juni blühender, sommergrüner Baum von 10–15 m Wuchshöhe, überhängenden Zweigen und hängenden Ästen.
Standort: In Zentraleuropa in der kollinen Stufe besonders in Parkanlagen, Alleen und grossen Gärten angepflanzt; Heimat: Vom Kaukasus bis Nordpersien.
Laubblätter: 5–15 cm lang und mit einem 3–6 cm langen kahlen Stiel; Blattspreite im Umriss schief herzförmig, am Ende zugespitzt und mit einer aufgesetzten Grannenspitze, an der Basis meist schief herzförmig, mit unregelmässig gezähntem Blattrand (Zähne an ihrem Ende mit einer Grannenspitze), oberseits glänzend dunkelgrün bis blaugrün und kahl, unterseits etwas heller blaugrün und mit stark hervortretenden Adern, die in ihren Winkeln weissliche, meist aber hell- bis mittelbraune Bärtchen aufweisen; Laubblätter wechselständig angeordnet.
Zweige: Junge Zweige grünlich, später schattenseits braun, sonnenseits braunrot.

108 Winter-Linde – Tília cordáta Miller

Merkmale: Von Juni bis Juli blühender, sommergrüner Baum von 20–30 m Wuchshöhe.
Standort: In der kollinen (seltener montanen) Stufe in milden, sommerwarmen Lagen in Laubmischwäldern, Gebüschen, Schluchten, an steilen Hängen und bei Felsen.
Laubblätter: 4–7 cm lang und mit einem 2–5 cm langen, kahlen Stiel; Blattspreite im Umriss herzförmig, am Ende mit kurzer und aufgesetzter Spitze, an der Basis regelmässig schief herzförmig (seltener gestutzt), mit fein und scharf gesägtem Rand (Zähne ohne aufgesetzte Grannenspitze), oberseits glänzend dunkelgrün bis blaugrün und kahl, unterseits hell blaugrün und in den Winkeln der Adern rotbraun gebärtet (bei sehr jungen Blättern auch etwas weisslich gebärtet); Adern unterseits nicht deutlich hervortretend: Laubblätter wechselständig angeordnet.
Zweige: Junge Zweige schattenseits olivgrün bis rötlich, lichtseits hellbraun bis rötlich.

109 Kanadische Pappel – Pópulus x canadénsis Moench

Merkmale: Von März bis April blühender, sommergrüner, raschwüchsiger Baum von 20–30 m Wuchshöhe; ein euro-amerikanischer Bastard.
Standort: Um 1750 in Frankreich spontan entstandener Bastard; heute überall in Europa in verschiedenen Sorten entlang von Strassen und in Parkanlagen angepflanzt.
Laubblätter: 6–10 cm lang, etwas grösser als die Schwarzpappelblätter und mit einem 3–8 cm langen, oft etwas rötlichen Stiel; Blattspreite im Umriss beinahe dreieckig, am Ende mit einer aufgesetzten Spitze, an der Basis gestutzt oder leicht herzförmig, mit einem gewellten und kerbig gesägten Rand (am Ende bei der Spitze ganzrandig), oberseits glänzend dunkelgrün und unterseits heller grün; beiderseits kahl; Seitenadern deutlicher verzweigt als bei der Schwarzpappel; Laubblätter wechselständig angeordnet.
Zweige: Junge Zweige hellbraun, später mittel- bis dunkelbraun oder graubraun, etwas rissig und kahl.

110 Schwarz-Pappel – Pópulus nígra L.

Merkmale: Von März bis April blühender, sommergrüner, breitkroniger Baum von 20–30 m Wuchshöhe.
Standort: In der Ebene in Auenwäldern, entlang von Seen und bei Flüssen; vor allem in Gesellschaft mit Weiden und anderen Pappelarten; bevorzugt lichte Stellen.
Laubblätter: 4–9 cm lang (an Kurztrieben etwas kleiner) und mit einem 3–6 cm langen, seitlich zusammengedrückten Stiel; Blattspreite im Umriss rundlich dreieckig bis rautenförmig, im Austrieb rötlich, am Ende zugespitzt, an der Basis gestutzt oder breit keilförmig verschmälert, mit einem gekerbten und gesägten Rand, oberseits dunkelgrün und unterseits hell blaugrün; beiderseits kahl; Seitenadern nicht so stark verzweigt wie bei der Kanadischen Pappel; Laubblätter wechselständig angeordnet.
Zweige: Junge Zweige glänzend, lehmgelb und zuweilen an der Spitze behaart; ältere Zweige kahl.

111 Pyramiden-Pappel – Pópulus nígra ssp. itálica Muenchh.

Merkmale: Von März bis April blühender, sommergrüner Baum von 20–30 m Höhe und einem schlank kegelförmigen Wuchs; liebt feuchte, tiefgründige Sand- oder Kiesböden
Standort: In der kollinen und montanen Stufe häufig an Ufern, Landstrassen, bei Bauernhöfen und Klöstern; Heimat: Persien oder Turkestan; in Europa seit der Mitte des 18. Jahrhunderts vertreten.
Laubblätter: 4–8 cm lang und mit einem 1–3 cm langen oft etwas rötlich angelaufenen Stiel; Blattspreite im Umriss rautenförmig oder rhombisch, am Ende lang zugespitzt, an der Basis breit keilförmig, mit einem buchtig gezähnten/gesägten Rand (an der Spitze und am Grund der Spreite ganzrandig), oberseits dunkelgrün, unterseits graugrün und beiderseits kahl; Laubblätter wechselständig angeordnet.
Zweige: Junge Zweige gelbbraun und am Stamm straff aufrecht gerichtet.

112 Hänge-Birke – Bétula péndula Roth

Merkmale: Von April bis Mai blühender, sommergrüner, im Alter rundlich gewölbter oder unregelmässig gestalteter Baum von 5–25 m Wuchshöhe.
Standort: Von der kollinen bis in die subalpine Stufe in Eichen- und Birkenwäldern, Sandfluren, Gebüschen, entlang von Waldrändern, Mooren, Heiden und Magerweiden; in Südeuropa nur in höheren Lagen anzutreffen; wertvolle Schutzbaumart.
Laubblätter: 3–7 cm lang und mit einem 2–3 cm langen Stiel; Blattspreite im Umriss dreieckig, eirautenförmig oder seltener rundlich, in der Jugend klebrig, am Ende meist lang zugespitzt, an der Basis keilförmig verschmälert, oberseits dunkelgrün, unterseits hell graugrün und beiderseits kahl; Spreiten an Stockausschlägen grösser und oft herzförmig; Laubblätter wechselständig angeordnet.
Zweige: Junge Zweige braunrot glänzend, meist mit sehr kurzen Haaren und warzigen Harzdrüsen besetzt.

113 Zitter-Pappel – Pópulus trémula L.

Merkmale: Von März bis April blühender, sommergrüner Strauch oder bis 10 m hoher Baum.
Standort: Von der kollinen bis in die subalpine Stufe in lichten Wäldern, Kahlschlägen, Auen, Mooren, entlang von Wegrändern und im Gebirge in sonnigen Lagen.
Laubblätter: 3–9 cm lang (bei Ausläufern bis 15 cm lang) und mit einem 3–10 cm langen, abgeflachten, oft etwas rötlich gefärbten Stiel; Blattspreite im Umriss eiförmig (an den Stockausschlägen) oder rundlich; an Gipfeltrieben sind sie schwarzpappelähnlich; Spreite am Ende abgerundet oder aus einem breiten Grund kurz zugespitzt, an der Basis gestutzt oder schwach herzförmig, mit einem unregelmässig buchtig gezähnten Rand, beiderseits seidenhaarig, oberseits glanzlos, grau blaugrün, später kahl und unterseits hell graugrün; Laubblätter wechselständig angeordnet.
Zweige: Junge Zweige olivgrün bis graugrün und kahl.

114 Berberitze – Bérberis vulgáris L.

Merkmale: Von Mai bis Juni blühender, sommergrüner Strauch von 1–3 m Wuchshöhe.
Standort: Von der kollinen bis in die subalpine Stufe in sonnigen Lagen in lichten Eichen- und Kiefernwäldern, Hecken, Trockenbuschgesellschaften und auch entlang von Waldrändern.
Laubblätter: 2–4 cm lang, in den Stiel verschmälert und mit einem 5–15 mm langen Stiel; Blattspreite im Umriss schmal verkehrt eiförmig bis verkehrt eiförmig, am Ende abgerundet, an der Basis schmal keilförmig, mit einem scharf dornig gewimperten Rand, beiderseits kahl, oberseits dunkelgrün und unterseits weisslich grün; Laubblätter in Büscheln in den Achsen von 3teiligen Dornen; Büschel wechselständig angeordnet; an Langtrieben Laubblätter in 1–2 cm langen und ein- bis mehrteiligen Blattdornen umgewandelt.
Zweige: Junge Zweige hellbraun, kantig, an der Basis reich bedornt und kahl.

115 Silberpappel – Pópulus álba L.

Merkmale: Von März bis April blühender, sommergrüner Baum von 10–30 m Höhe.
Standort: In der kollinen und montanen Stufe in Ufergebüschen, am Rande von Auenwäldern und auf Schuttplätzen; steigt in den Alpen bis in eine Höhe von 1500 m; im Norden Europas nur angepflanzt.
Laubblätter: 5–12 cm lang und mit einem 2–4 cm langen, abgeflachten, weiss behaarten Stiel; Blattspreite im Umriss vielgestaltig (dreieckig bis eiförmig oder auch kreisrund), am Ende abgerundet oder kurz zugespitzt, an der Basis abgerundet, leicht herzförmig oder gestutzt, mit einem buchtig gezähnten Blattrand (Buchten abgerundet), beim Austrieb beiderseits wollig filzig behaart, später oberseits glänzend dunkelgrün und meist verkahlend, unterseits bleibend dicht weissfilzig; Laubblätter wechselständig angeordnet.
Zweige: Mit hellbraunem Untergrund, durch grauweisse Behaarung aber weisslich.

116 Silberwurz – Dryas octopétala L.

Merkmale: Von Juni bis Juli blühender, immergrüner, stark kriechender Spalierstrauch mit langen, reichverzweigten Stämmchen und einem mattenförmigen Wuchs; die Zweige erheben sich nur 5–10 cm über den Boden.
Standort: Von der montanen bis in die alpine Stufe steigend in steinigen Matten, lichten Kiefernwäldern, Felsen, im Felsschutt, auf Kalkschutthalden und steinigen Matten; bevorzugt trockene bis frische Kalkschuttböden.
Laubblätter: 5–30 mm lang und mit einem 2–10 mm langen Stiel: Blattspreite im Umriss länglich elliptisch, lederig, runzelig, am Ende stumpf oder kurz zugespitzt, an der Basis gestutzt oder schwach herzförmig, mit einem regelmässig grob gekerbten und oft etwas eingerollten Rand, oberseits glänzend dunkelgrün, kahl und unterseits silberweiss filzig behaart; Laubblätter wechselständig angeordnet.
Zweige: Junge Zweige grün, später braun bis dunkelbraun.

117 Haselstrauch, Hasel – Córylus avellána L.

Merkmale: Von Februar bis April blühender, sommergrüner, vielstämmiger Strauch von 2–5 m Wuchshöhe.
Standort: Von der kollinen bis in die subalpine Stufe in Wäldern als Unterholz, an Bachufern, Waldrändern, steilen Hängen, entlang von Wegen, auf Hecken und Weiden; eine Pionierpflanze.
Laubblätter: 5–10 cm lang und mit einem 5–15 mm langen, drüsig behaarten Stiel; Blattspreite im Umriss länglich verkehrt eiförmig, rundlich oder herzförmig, am Ende mit kurzer aufgesetzter Spitze, an der Basis schwach herzförmig oder abgerundet, mit einem doppelt gesägten/gezähnten Rand, beiderseits mehr oder weniger weichhaarig, oberseits mittelgrün und unterseits hell- bis mittelgrün; Adern 2. und 3. Ordnung deutlich hervortretend; Laubblätter wechselständig angeordnet.
Zweige: Junge Zweige lichtseits braunocker und überall drüsig behaart.

118 Zwerg-Birke – Bétula nána L.

Merkmale: Im Mai blühender, sommergrüner Strauch von 50–100 cm Wuchshöhe.
Standort: Im nördlichen, arktischen und nordöstlichen Europa an moorigen Standorten und in Zwergstrauch-Gesellschaften verbreitet; in Mitteleuropa in offenen Hoch- und Kiefernmooren; in Deutschland nicht häufig im Alpenvorland und im norddeutschen Flachland.
Laubblätter: 1–3 cm lang und mit einem 1–2 mm langen, dunkelrot gefärbten Stiel; Blattspreite im Umriss meist rundlich, oft auch breiter als lang, in der Jugend etwas klebrig, am Ende mit einem groben Zahn endend, an der Basis gestutzt bis schwach herzförmig, mit einem einfach gezähnten Rand (Zähne schwach herzförmig), oberseits dunkelgrün, kahl, etwas gewellt und unterseits weisslich mit einem dunkelgrünen Adern-Netz; Laubblätter wechselständig angeordnet.
Zweige: Junge Zweige dunkelgrün bis hellbraun und feinfilzig; später dunkelbraun.

119 Nordische Birke, Strauch-Birke – Bétula húmilis Schrank

Merkmale: Im April und Mai blühender, sommergrüner Strauch von 1–3 m Wuchshöhe.
Standort: In der kollinen und montanen Stufe in offenen Hoch- und Kiefernmooren, lichten Birken- und Weidengebüschen, Erlenbrüchen und auf versauerten Flachmooren; besonders am Nordrand der Alpen, aber auch in Norddeutschland, Polen und Mittelrussland
Laubblätter: 1–3,5 cm lang und mit einem 3–7 mm langen Stiel; Blattspreite im Umriss elliptisch, eiförmig oder rundlich, am Ende stumpflich bis schwach zugespitzt, an der Basis keilförmig verschmälert, mit einem einfach und unregelmässig gesägten Rand, oberseits glänzend dunkelgrün und kahl, unterseits heller grün, deutlich netzaderig und mit 4 oder 5 Paaren von Seitenadern; Laubblätter wechselständig angeordnet.
Zweige: Junge Zweige grünlich, später graubraun und mit weisslichen Lentizellen.

120 Schwarz-Erle – Alnus glutinósa (L.) Gaertner

Merkmale: Von Februar bis März blühender, sommergrüner Baum von 20 m Höhe.
Standort: In der kollinen und montanen (seltener subalpinen) Stufe in quelligen Gebirgseinschnitten, in Erlenbruchwäldern, entlang von Ufern und als Pioniergehölz auf Mooren.
Laubblätter: 4–10 cm lang und mit einem 5–15 mm langen Stiel; Blattspreite im Umriss breit verkehrt eiförmig bis rundlich, in der Jugend klebrig, mit der grössten Breite oberhalb der Mitte, am Ende abgerundet oder etwas ausgerandet, an der Basis breit keilförmig, mit einem einfach und doppelt gesägten/gezähnten Rand (fast alle Zähne viel breiter als hoch), oberseits mittel- bis dunkelgrün, unterseits heller grün und in den Winkeln der Adern weisslich bis rostfarbig gebärtet; Haupt- und Seitenadern deutlich hervortretend; Laubblätter gegenständig angeordnet.
Zweige: Junge Zweige zimtbraun, rötlich bis braungrün und an der Spitze behaart.

121 Berg-Ulme – Ulmus glábra Huds.

Merkmale: Von März bis April blühender, sommergrüner Baum von 30–40 m Wuchshöhe und einer oft mehrstämmigen Krone.
Standort: Vor allem in der kollinen und montanen Stufe in Schluchten, Hochstaudenfluren, an Schattenhängen und am Rande von Auenwäldern.
Laubblätter: 5–16 cm lang und mit einem 3–6 mm langen, oft von der einen Spreitenhälfte verdeckten Stiel; Blattspreite im Umriss elliptisch, eiförmig oder verkehrt eiförmig, im oberen Drittel am breitesten, hin und wieder dreizipflig, am Ende fein zugespitzt, an der Basis nur selten symmetrisch, mit einem grob doppelt gezähnten Rand (Doppelzähne sichelförmig gekrümmt), oberseits dunkelgrün und rauh, unterseits mittelgrün und auf den grösseren Adern fein weisshaarig; die 13–20 Seitenadern meist gegabelt; Laubblätter wechselständig angeordnet.
Zweige: Junge Zweige oliv oder bräunlich und fein behaart.

122 Flatter-Ulme – Ulmus láevis Pall.

Merkmale: Von März bis April blühender, sommergrüner Baum von 20–30 m Wuchshöhe und einer annähernd kugeligen, etwas gewölbten, mehrteiligen Krone.
Standort: In der kollinen Stufe vor allem in Auenwäldern, feuchten Mischwäldern und entlang von Waldrändern; auch als Allee- und Strassenbaum gepflanzt.
Laubblätter: 7–12 cm lang und mit einem sehr kurzen (bis 5 mm langen) Stiel; Blattspreite im Umriss schmal oval, oval oder rundlich, in der Mitte am breitesten, am Ende kurz und fein zugespitzt, an der Basis auffallend schief und unsymmetrisch, mit einem scharf doppelt gesägten/gezähnten Rand (Hauptzähne nach vorn gerichtet), oberseits matt dunkelgrün, unterseits graugrün und fein behaart; jederseits mit 12–19 Seitenadern 1. Ordnung; diese Adern im oberen Drittel des Blattes fast niemals gegabelt; Laubblätter wechselständig angeordnet (zweizeilige Stellung der Blätter).
Zweige: Junge Zweige mittel- bis braunrot und anfangs dicht weichhaarig.

123 Feld-Ulme – Ulmus campéstris auct. non. L.; U. mínor Miller

Merkmale: Im März und April blühender, sommergrüner, reich verzweigter Baum von 20–40 m Wuchshöhe.
Standort: In der kollinen Stufe in sonnigen Hangwäldern, an Waldrändern und entlang von Flussauen.
Laubblätter: 3,5–8 cm lang und mit einem 5–30 mm langen, meist etwas behaarten Stiel; Blattspreite im Umriss vielgestaltig (meist verkehrt eiförmig und mit der grössten Breite in der Mitte), am Ende mit einer verlängerten und schmalen Spitze, an der Basis ungleich keilförmig oder abgerundet, mit einem einfach oder doppelt gezähnten Rand, oberseits dunkelgrün und kahl, unterseits heller grün und in den Winkeln der Adern mit sametigen Haarbüscheln; mit 9–15 deutlich hervortretenden und bis in die Zähne reichenden Seitenadern; Laubblätter wechselständig angeordnet (zweizeilige Stellung).
Zweige: Junge Zweige oliv bis rotbraun und schwach weisslich behaart.

124 Mehlbeerbaum – Sórbus ária (L.) Crantz

Merkmale: Im Mai blühender, sommergrüner Strauch oder bis 15 m hoher Baum.
Standort: Von der kollinen bis in die subalpine Stufe an sonnigen, ziemlich trockenen und südexponierten Hängen, in lichten Laub- und Laubmischwäldern, Gebüschen, auf Felsen und im Felsschutt.
Laubblätter: 6–12 cm lang und mit einem 1–2 cm langen, wollig weiss behaarten Stiel; Blattspreite im Umriss eiförmig, elliptisch oder seltener rundlich, am Ende stumpf oder abgerundet und mit einer kurzen Spitze, an der Basis breit keilförmig verschmälert, mit einem einfach und doppelt gesägten/gezähnten Rand, oberseits mittelgrün, etwas seidenhaarig, später verkahlend, unterseits dicht weissfilzig behaart; die 10–14 Seitenadernpaare unterseits stark hervortretend; Laubblätter an Langtrieben wechselständig angeordnet, an Kurztrieben zu 2 oder 3 gebüschelt.
Zweige: Junge Zweige lichtseits dunkelrotbraun, schattenseits oliv und etwas behaart.

125 Sal-Weide – Sálix cáprea L.

Merkmale: Von März bis April blühender, sommergrüner, 2–9 m hoher Strauch/Baum.
Standort: Von der kollinen bis in die subalpine Stufe in Kiesgruben, Schutthalden, Felsen, in Waldsäumen, Schatthängen, als Erstbesiedler in Kahlschlägen, auf Brachland, im Saum von Gewässern, in der Weichholzaue von Auenwäldern und an deren Rande.
Laubblätter: 4–10 cm lang und mit einem 1–2 cm langen, am Grunde etwas verbreiterten, leicht rötlich gefärbten, flaumigen Stiel; Blattspreite im Umriss breit elliptisch bis eiförmig, am Ende mit kurzer, seitlich zurückgebogenen Spitze, an der Basis keilförmig verschmälert, mit einem welligen oder grob gezähnten bis kerbigen Rand, oberseits bräunlich dunkelgrün und kahl, unterseits durch flaumige Behaarung graugrün und mit stark hervortretenden Adern; Laubblätter wechselständig angeordnet.
Zweige: Lichtseits dunkelrotbraun, schattenseits oliv, meist dicht und kurz behaart.

126 Gagelstrauch – Myríca gále L.

Merkmale: Von April bis Mai blühender, sommergrüner, reichverzweigter, aromatisch duftender Strauch von 50–125 cm Wuchshöhe und mit zweihäusigen Blüten; vielerorts wegen Entwässerung zurückgehend.
Standort: Von Norddeutschland bis zum 69. Breitengrad in Heidemooren, torfigen Heiden, Kiefernwäldern, Weidensümpfen und moorigen Sandböden.
Laubblätter: 2–5 cm lang und mit einem 3–6 mm langen Stiel; Blattspreite im Umriss länglich verkehrt eiförmig, etwas derb, am Ende mit ganz kurzer aufgesetzter Spitze, an der Basis schmal keilförmig zusammenlaufend, oberseits matt dunkelgrün, etwas fein behaart, unterseits hellgrün und entlang der stark hervortretenden Hauptader fein behaart; beiderseits mit gelblichen Harzdrüsen; Laubblätter am Spross wechselständig angeordnet.
Zweige: Junge Zweige grünlich bis hellbraun und anfangs flaumig behaart.

127 Grau-Weide – Sálix cinérea L.

Merkmale: Von März bis April blühender, sommergrüner, aufrechter Strauch von 2 bis 5 m Wuchshöhe.
Standort: In der kollinen und montanen Stufe in Tümpeln, feuchtem und bodensaurem Gelände, auf Mooren, nassen Wiesen und entlang von feuchten Waldrändern; Strauch unverkennbar an seinem abgeflachten Umriss.
Laubblätter: 5–9 cm lang und mit einem 5–20 mm langen, am Grunde etwas verbreiterten Stiel; Blattspreite im Umriss breit lanzettlich bis verkehrt eiförmig, am Ende kurz zugespitzt, an der Basis keilförmig verschmälert, mit einem welligen und unregelmässig fein bis grob gezähnten Rand, oberseits mattgrün, glanzlos, kurzhaarig und unterseits graugrün, samtfilzig; Adern unterseits stark hervortretend; Laubblätter wechselständig angeordnet.
Zweige: Junge Zweige grauoliv und dicht kraus behaart.

128 Felsen-Kreuzdorn – Rhámnus saxátilis Jacq.

Merkmale: Von April bis Mai blühender, sommergrüner, sparriger, stark dorniger Strauch von 50–100 cm Wuchshöhe.
Standort: Von der kollinen bis in die montane Stufe in lichten und sonnigen Kiefernwäldern, Gebüschen, felsigen Hängen und entlang von Waldrändern; in Süddeutschland, im südlichen Mitteleuropa und in Südeuropa verbreitet.
Laubblätter: 1–3 cm lang und mit einem 2–5 mm langen Stiel; Blattspreite im Umriss lanzettlich bis elliptisch, am Ende zugespitzt, an der Basis keilförmig verschmälert, mit einem fein und unregelmässig gezähnten Rand, oberseits dunkelgrün, unterseits weisslich grün, beiderseits kahl, mit dunkelgrünen und bogig verlaufenden Seitenadern; Laubblätter gegenständig oder fast gegenständig angeordnet; an Kurztrieben zuweilen eine büschelige Anordnung.
Zweige: Junge Zweige rotbraun, leicht behaart, später silbergrau bis olivbraun.

129 Apfelbaum – Málus sylvéstris ssp. doméstica Mansf.

Merkmale: Im Mai blühender, sommergrüner Strauch (z.B. Spaliersträucher) oder bis 10 m hoher Baum.
Standort: In der kollinen und montanen Stufe als Fruchtbaum in zahlreichen Sorten kultiviert; vor allem in Gärten und Obstplantagen.
Laubblätter: 5–9 cm lang und mit einem 2–5 cm langen Stiel; Blattspreite im Umriss schmal elliptisch oder elliptisch bis eiförmig, am Ende mit kurzer aufgesetzter Spitze, an der Basis keilförmig verschmälert, abgerundet oder gestutzt, mit einem regelmässig gesägten Rand (Zähne meist über 0,5 mm lang und zum grössten Teil nach der Blattspitze zu gerichtet), oberseits dunkelgrün, oft etwas gewellt und kahl, unterseits hell graugrün und anfangs stark filzig; Laubblätter wechselständig angeordnet.
Zweige: Junge Zweige rotbraun bis dunkelbraun, an der Spitze etwas behaart und später verkahlend.

130 Grau-Erle – Alnus incána (L.) Moench

Merkmale: Von Februar bis März blühender, sommergrüner, vielstämmiger Strauch oder bis 25 m hoher Baum.
Standort: In der kollinen und montanen (seltener subalpinen) Stufe als Pionierpflanze und Bodenfestiger in Auenwäldern, Lawinenzügen und entlang von Ufern; dauernde Staunässe wird gemieden, sickerfeuchte Lagen und zeitweise Überschwemmungen werden aber ertragen.
Laubblätter: 5–10 cm lang und mit einem 7–20 mm langen Stiel; Blattspreite im Umriss breit eiförmig bis breit elliptisch, am Ende kurz zugespitzt, an der Basis keilförmig, mit einem doppelt gesägten Rand (Zähne viel breiter als hoch), in der Jugend beiderseits weichhaarig, später oberseits kahl, dunkelgrün und unterseits durch filzige Behaarung graugrün bleibend; Laubblätter wechselständig angeordnet.
Zweige: Junge Zweige graugrün und an der Spitze meist deutlich behaart.

131 Birnbaum – Pyrus commúnis L.

Merkmale: Von April bis Mai blühender, sommergrüner Strauch (z.B. Spaliersträucher) oder bis 20 m hoher Baum.
Standort: In der kollinen und montanen Stufe in wintermilden Lagen in Gärten und Obstkulturen; in vielen Sorten kultiviert; bei Birnbäumen in Wäldern handelt es sich vor allem um die Holzbirne.
Laubblätter: 3–8 cm lang und mit einem ebenso langen oder etwas kürzeren Stiel; Blattspreite im Umriss elliptisch, eiförmig oder rundlich, derb, am Ende kurz und schmal zugespitzt, an der Basis keilförmig verschmälert oder schwach abgerundet, mit einem fein gesägten Rand (abschnittsweise auch ganzrandig; Zähne nicht stachelspitzig), oberseits glänzend und kahl, unterseits anfangs behaart, später ganz oder fast kahl und etwas heller grün; Laubblätter wechselständig angeordnet.
Zweige: Junge Zweige oliv bis rotbraun, kahl und dornenlos.

132 Heidelbeere – Vaccínium myrtíllus L.

Merkmale: Im Juni blühender, sommergrüner, straff aufrecht gerichteter Strauch von 30–50 cm Wuchshöhe.
Standort: Von der kollinen bis in die subalpine Stufe in artenarmen Laub- und Nadelwäldern Bestände bildend, in Mooren, Zwergstrauchheiden, auf versauerten Waldböden und mageren Weiden.
Laubblätter: 1–3 cm lang und mit einem 0,5–3 mm langen Stiel; Blattspreite im Umriss länglich eiförmig, elliptisch oder eiförmig mit der grössten Breite meist unterhalb der Mitte, am Ende abgerundet oder kurz zugespitzt, an der Basis breit keilförmig oder gestutzt, mit einem fein gesägten/gezähnten/gekerbten Rand (Zähne nach vorn gerichtet, flach und oft mit Drüsen versehen), oberseits dunkelgrün, unterseits heller grün und beiderseits kahl; Laubblätter am Spross wechselständig angeordnet.
Zweige: Junge Zweige grün, kantig und rechtsschraubig.

133 Felsenmispel – Amelánchier ovális Medikus

Merkmale: Von April bis Mai blühender, sommergrüner Strauch von 1–3 m Wuchshöhe.
Standort: Von der kollinen bis in die subalpine Stufe an warmen und steilen Hängen in Felsspalten, felsigen Eichen- oder Kiefernwäldern, lichten Gebüschen und in den Alpen in Legföhrenbeständen.
Laubblätter: 2–4,5 cm lang und mit einem 1–2 cm langen, besonders in der Jugend filzig behaarten Stiel; Blattspreite im Umriss eiförmig bis rundlich, am Ende abgerundet, an der Basis abgerundet oder schwach herzförmig, mit einem feingesägten oder gezähnten Rand (abschnittsweise auch ganzrandig oder gekerbt), oberseits dunkelgrün und kahl, unterseits nur leicht heller grün und flockig behaart (später verkahlend); Laubblätter wechselständig angeordnet.
Zweige: Junge Zweige olivbraun bis rotbraun und an der Spitze meist etwas behaart.

134 Moor-Birke – Bétula púbescens Ehrh.

Merkmale: Von April bis Mai blühender, sommergrüner Grossstrauch oder bis 30 m hoher Baum.
Standort: Von der kollinen bis in die subalpine Stufe zerstreut in Moor- und Bruchwäldern, Zwischenmooren, Erlenbrüchen und Gebüschen.
Laubblätter: 3–5 cm lang und mit einem 1–2 cm langen, etwas behaarten Stiel; Blattspreite im Umriss eiförmig bis rhombisch, in der Jugend aromatisch duftend, in der Mitte am breitesten, am Ende kurz zugespitzt, an der Basis breit keilförmig oder abgerundet, mit einem ungleich doppelt gesägten/gezähnten Rand (am Spreitengrund ganzrandig), beiderseits mehr oder weniger behaart, oberseits dunkelgrün und verkahlend, unterseits heller grün und in den Achseln der grösseren Adern mit feinem Flaum; Laubblätter wechselständig angeordnet.
Zweige: Junge Zweige braun und an der Spitze dicht behaart.

135 Hagebuche – Cárpinus bétulus L.

Merkmale: Im Juni blühender, sommergrüner Strauch oder bis 20 m hoher Baum.
Standort: In der kollinen (seltener montanen) Stufe in Eichen-, Hagebuchenwäldern als Charakterart, in Hecken, entlang von Waldrändern und häufig bei Garten- und Parkanlagen als Abschlussstrauch.
Laubblätter: 4–12 cm lang und mit einem 5–15 mm langen, oberseits etwas rötlichen Stiel; Blattspreite im Umriss eiförmig bis länglich eiförmig, am Ende stumpflich oder mehrheitlich zugespitzt, an der Basis regelmässig oder schief abgerundet bis herzförmig, mit einem einfach- oder doppelt gezähnten Rand (einzelne Zähne klein), oberseits sattgrün und kahl, unterseits heller grün und in den Winkeln der Adern spärlich behaart; Seitenadern bis zum Rand reichend, stark hervortretend und gerade; Laubblätter plisseeartig getaltet und wechselständig angeordnet.
Zweige: Junge Zweige lichtseits braun, schattenseits olivgrün.

136 Hopfenbuche – Ostrya carpinifólia Scop.

Merkmale: Von April bis Mai blühender, sommergrüner Strauch oder bis 20 m hoher Baum.
Standort: In der kollinen und montanen Stufe an buschigen, steinigen, sonnigen Abhängen, Felsen und südexponierten Hängen in der Zone der Flaumeichenwälder.
Laubblätter: 5–12 cm lang und mit einem 4–12 cm langen Stiel; Blattspreite im Umriss eilänglich oder eiförmig, in der Jugend etwas gefaltet, am Ende zugespitzt, an der Basis breit keilförmig oder abgerundet, mit einem einfach oder doppelt gesägten Rand (Zähne länger und feiner zugespitzt als bei der Hagebuche), beiderseits nur wenig behaart, oberseits dunkelgrün und glatt, unterseits gelbgrün und in den Adernwinkeln etwas behaart; mit jederseits 11–15 Seitenadern; Laubblätter wechselständig angeordnet (zweizeilige Anordnung).
Zweige: Junge Zweige wollig behaart, lichtseits rotbraun und schattenseits olivbraun.

137 Grün-Erle – Alnus víridis (Chaix) DC.

Merkmale: Von April bis Mai blühender, sommergrüner, mehrstämmiger Strauch von 50–250 cm Wuchshöhe.
Standort: In der montanen und subalpinen (seltener kollinen) Stufe an schattigen und feuchten Abhängen, Bächen, Gräben, Lawinenzügen und auf Weiden.
Laubblätter: 3–6 cm lang und mit einem 1–2 cm langen, rinnigen, im unteren Teil oberseits oft etwas rötlichen Stiel; Blattspreite im Umriss elliptisch bis breit eiförmig, am Ende stumpf mit kleinen Zähnchen oder spitz, an der Basis breit keilförmig verschmälert, seltener gestutzt oder herzförmig, mit einem einfach oder kurz doppelt gesägten (regelmässig, aber auch unregelmässig) Rand, oberseits dunkelgrün und kahl, unterseits heller grün und in den Winkeln der Adern oft etwas bärtig; mit 5–10 deutlich hervortretenden Seitenadernpaaren.
Zweige: Junge Zweige graugrün und meist deutlich behaart.

138 Zwerg-Kreuzdorn – Rhámnus púmilus Turra

Merkmale: Von Mai bis Juli blühender, sommergrüner, niederliegender Strauch von 10–20 cm Wuchshöhe.
Standort: Vor allem in der subalpinen und alpinen Stufe in Felsspalten, Felsnischen und an kahlen Felsen; eignet sich sehr gut für Steingärten, denn die Zweige breiten sich wie bei einem Gitterwerk gleichmässig aus.
Laubblätter: 2–5 cm lang und mit einem 4–9 mm langen Stiel; Blattspreite im Umriss elliptisch, verkehrt eiförmig oder rundlich, am Ende plötzlich kurz zugespitzt, an der Basis meist keilförmig verschmälert, mit einem sehr fein kerbig gesägten Rand, oberseits dunkelgrün und kahl, unterseits heller grün und bei den Adern behaart, später verkahlend; mit 4–9 (12) bogenförmigen und gut sichtbaren Seitenadernpaaren; Laubblätter wechselständig angeordnet.
Zweige: Junge Zweige graugrün, ohne Dornen und in der Jugend feinflaumig behaart.

139 Alpen-Kreuzdorn – Rhámnus alpínus L.

Merkmale: Von Mai bis Juni blühender, sommergrüner, aufrechter Strauch von 1–3 m Wuchshöhe.
Standort: In der montanen (seltener kollinen und subalpinen) Stufe in lichten Wäldern, Hecken sonniger Lagen, im Geröll und auf Felsen.
Laubblätter: 5–14 cm lang und mit einem 8–15 mm langen Stiel; Blattspreite im Umriss elliptisch bis eiförmig, am Ende plötzlich kurz zugespitzt, an der Basis abgerundet oder schwach herzförmig, mit einem fein gesägten, im unteren Teil mehrheitlich gekerbten Rand (Zähnchen im oberen Teil nach der Blattspitze zu gerichtet), oberseits glänzend dunkelgrün und kahl, unterseits nur wenig heller grün und mit jederseits 5–20 erst am Ende etwas nach oben geschwungenen Seitenadern 1. Ordnung; Laubblätter wechselständig angeordnet.
Zweige: Junge Zweige kahl und graubraun.

140 Gemeiner Kreuzdorn – Rhámnus cathárticus L.

Merkmale: Von Mai bis Juni blühender, sommergrüner, vielgestaltiger Strauch von 1 bis 3 m Wuchhöhe oder bis 8 m hoher Baum mit unregelmässiger lockerer Krone.
Standort: In der kollinen und montanen Stufe in sonnigen Hecken, Magerweiden, an Trockenbuschhängen und auch trockenen Waldrändern; gerne in steinigen und waldigen Gebieten.
Laubblätter: 4–7 cm lang und mit einem 1–3 cm langen, oberseits etwas rinnigen Stiel; Blattspreite im Umriss elliptisch bis rundlich, am Ende meist mit einer kurzen aufgesetzten Spitze, an der Basis breit keilförmig verschmälert, gestutzt oder abgerundet, mit einem fein kerbig gesägten Rand, beiderseits meist kahl, oberseits matt dunkelgrün und unterseits mittel- bis blaugrün; jederseits der Hauptader 2–4 bogenförmige Seitenadern; Laubblätter kreuzgegenständig angeordnet.
Zweige: Junge Zweige hellgrau oder grau, oliv gefleckt und kahl.

141 Traubenkirsche – Prúnus pádus L.

Merkmale: Von April bis Mai blühender, sommergrüner Strauch oder bis 6 m hoher Baum.
Standort: In der kollinen und montanen Stufe in feuchten Gebüschen, Auenwäldern, Schluchten, Hecken, entlang von Flüssen und auf Flachmooren; oftmals zusammen mit Eschen, Erlen und Ulmen wachsend.
Laubblätter: 5–12 cm lang und mit einem 1–2 cm langen, oberseits roten, mit 1–3 grünlichen Nektardrüsen besetzten Stiel; Blattspreite im Umriss länglich elliptisch bis verkehrt eiförmig, am Ende mit einer schlanken und feinen Spitze, an der Basis meist abgerundet, seltener gestutzt oder keilförmig verschmälert, beiderseits kahl, oberseits matt dunkelgrün und unterseits hell- oder bläulichgrün; Laubblätter wechselständig angeordnet.
Zweige: Junge Zweige kahl, lichtseits braunrot und schattenseits grün bis ocker.

142 Felsenkirsche – Prúnus máhaleb L.

Merkmale: Von April bis Mai blühender, sommergrüner, stark verzweigter, sparriger Strauch oder Baum von 5–10 m Wuchshöhe.
Standort: In der kollinen und montanen Stufe in warmen Lagen in lichten Eichen- und Kiefernwäldern, Gebüschen, Hecken und an trockenen, warmen Hängen; in Zentral- und Südeuropa verbreitet; im Süden bis Griechenland und Sizilien; mit Vorliebe auf Kalkstein wachsend.
Laubblätter: 3–6 cm lang und mit einem 1–2 cm langen, meist drüsenlosen Stiel; Blattspreite im Umriss breit eiförmig bis rundlich, am Ende stumpf oder kurz zugespitzt, an der Basis gestutzt, abgerundet oder leicht herzförmig, mit einem gekerbt/gesägten Rand, oberseits glänzend dunkelgrün und kahl, unterseits blaugrün und bei der deutlich hervortretenden Hauptader oft etwas behaart; Laubblätter wechselständig angeordnet.
Zweige: Junge Zweige oliv bis hellbraun und dicht grauweiss behaart.

143 Schwarzdorn – Prúnus spinósa L.

Merkmale: Von April bis Mai blühender, sommergrüner, sparrig verzweigter, dorniger Strauch von 1–3 m Wuchshöhe.
Standort: In der kollinen und montanen Stufe in Weinbergen, Wiesen, Hecken, an sonnigen Fels- und Schutthängen, entlang von Waldrändern, bei Zäunen und als Pionierstrauch auf verlassenen Weiden.
Laubblätter: 2–5 cm lang und mit einem 5–12 mm langen, oberseits oft rötlichen Stiel; Blattspreite im Umriss breit lanzettlich bis länglich elliptisch, am Ende stumpf oder kurz zugespitzt, an der Basis breit keilförmig verschmälert oder abgerundet, mit einem gesägten/stellenweise gekerbten Rand, in der Jugend behaart, später verkahlend, oberseits dunkelgrün und unterseits blassgrün; Laubblätter wechselständig angeordnet; Kurztriebe in Dornen endend.
Zweige: Junge Zweige lichtseits rotviolett, schattenseits olivbraun und kahl.

144 Süsskirsche – Prúnus ávium L.

Merkmale: Von April bis Mai blühender, sommergrüner Baum mit einer Höhe bis 25 m.
Standort: In der kollinen, seltener montanen Stufe in Laubmischwäldern, Hecken, verlassenen Weinbergen, entlang von Waldrändern oder auf unbewirtschafteten Wiesen und Weiden; bei den Griechen, wie auch heute, in zahlreichen Sorten kultiviert.
Laubblätter: 6–15 cm lang und mit einem 2–4 cm langen Stiel, der unterhalb der Spreite 2–4 rot gefärbte Nektardrüsen besitzt; Blattspreite im Umriss länglich oval bis verkehrt eiförmig, am Ende mit schlanker, aufgesetzter Spitze, an der Basis breit keilförmig verschmälert, gestutzt oder abgerundet, mit einem unregelmässig gesägten Rand, oberseits dunkelgrün, meist etwas runzelig und kahl, unterseits heller grün und in der Jugend fein behaart; in den Achseln der grösseren Adern kleine Bärtchen vorhanden; Adern deutlich hervortretend; Laubblätter wechselständig angeordnet.
Zweige: Junge Zweige graugrün bis graubraun und kahl.

145 Zwergmispel – Sórbus chamaeméspilus Crantz

Merkmale: Von Juni bis Juli blühender, sommergrüner Strauch von 1–3 m Wuchshöhe.
Standort: In der subalpinen (seltener montanen) Stufe als Pionierstrauch in Felsen, Wiesen, Weiden, Bergföhren-, Arven- und Lärchenwäldern, Alpenrosen- und Grünerlengebüschen.
Laubblätter: 3–8 cm lang und mit einem 5–10 mm langen Stiel; Blattspreite im Umriss schmal elliptisch bis elliptisch, mit der grössten Breite meist unterhalb der Mitte, am Ende stumpf oder schwach zugespitzt, an der Basis breit keilförmig verschmälert oder abgerundet, mit einem einfach und fein gesägten Rand (Zähne etwa 1 mm lang), oberseits glänzend dunkelgrün, unterseits heller grün und beiderseits kahl; Pflanzen mit unterseits filzigen Blättern sind Bastarde; Seitenadern nicht deutlich in die Zähne verlaufend; Adern deutlich hervortretend; Laubblätter wechselständig angeordnet.
Zweige: Junge Zweige oliv bis rotbraun, zuerst filzig behaart, später kahl.

146 Pfaffenhütchen – Euónymus europaéa L.

Merkmale: Von April bis Mai blühender, sommergrüner Strauch von 3–7 m Wuchshöhe.
Standort: In der kollinen und montanen Stufe in Auen- und Laubmischwäldern, Hecken, an Zäunen, Waldsäumen und bei Wegrändern.
Laubblätter: 3–8 cm lang und mit einem 5–9 mm langen, rinnigen Stiel; Blattspreite im Umriss elliptisch bis eiförmig, mit der grössten Breite in der Mitte, am Ende schmal zugespitzt, an der Basis schmal- oder breit keilförmig verschmälert oder auch abgerundet, mit einem sehr fein und regelmässig gesägten Rand (Zähne oft abgerundet und damit Blattrand stellenweise kerbig erscheinend), beiderseits kahl, oberseits mittel- bis dunkelgrün und unterseits hell blaugrün; Laubblätter gegenständig angeordnet.
Zweige: Junge Zweige zuerst grün, später lichtseits braunrot bis rotschwarz und schattenseits grün bleibend.

147 Mispel – Méspilus germánica L.

Merkmale: Von April bis Mai blühender, sommergrüner Strauch von 1–3 m Höhe.
Standort: In der kollinen Stufe verwildert in Hecken und lichten Wäldern (mit Zerr- und Flaumeiche oder Hopfenbuchen-, Hainbuchen-Waldgesellschaften) und an sonnigen Böschungen; lichtbedürftiges, wärme- und feuchtigkeitsliebendes Gehölz; die Mispel wurde bei den Griechen als Obstbaum verwendet.
Laubblätter: 5–12 cm lang und mit einem sitzenden oder bis 1 cm langen Stiel; Blattspreite im Umriss länglich oval bis verkehrt eiförmig, am Ende sehr kurz zugespitzt, an der Basis meist abgerundet, mit einem fein gezähnten/gesägten und abschnittsweise ganzen Rand, oberseits trübgrün, etwas flaumig, leicht runzelig, unterseits hell- bis graugrün und weisslich behaart; Adern oberseits tief eingesenkt; Laubblätter wechselständig angeordnet.
Zweige: Junge Zweige lichtseits rotbraun, schattenseits olivgrün und dicht behaart.

148 Wolliger Schneeball – Vibúrnum lantána L.

Merkmale: Von April bis Mai blühender, sommergrüner, stark verzweigter Strauch von 2–5 m Wuchshöhe.
Standort: In der kollinen und montanen Stufe in sonnigen Lagen in Hecken, lichten Eichen- und Kiefernwäldern und an Waldrändern.
Laubblätter: 5–12 cm lang und mit einem 5–15 mm langen, dicht graufilzigen Stiel; Blattspreite im Umriss eiförmig bis länglich eiförmig, am Ende zugespitzt, an der Basis abgerundet oder schwach herzförmig, mit einem regelmässig fein gezähnten Rand, oberseits etwas runzelig, mittel- bis dunkelgrün und mit deutlich sichtbaren Adern, unterseits mittelgrün und dicht mit Sternhaaren besetzt; beiderseits sich rauh anfühlend; Adern unterseits deutlich hervortretend und diejenigen der 1. Ordnung bis in die Blattzähne verlaufend; Laubblätter gegenständig angeordnet.
Zweige: Junge Zweige oliv bis rotbraun und durch dichte Behaarung grauweiss.

149 Alpen-Bärentraube – Arctostáphylos alpína (L.) Sprengel

Merkmale: Von Mai bis Juni blühender, sommergrüner, kriechender, mattenbildender Zwergstrauch mit 10–60 cm langen Zweigen.
Standort: In der subalpinen und alpinen Stufe in Zwergstrauchheiden, Bergföhrenwäldern, im Gesteinsschutt und auf Felsen.
Laubblätter: 1–4 cm lang und mit einem sehr kurzen Stiel; Blattspreite im Umriss spatelförmig oder schmal verkehrt eiförmig und in den Stiel verschmälert, am Ende stumpf, an der Basis sehr schmal keilförmig, mit einem fein und dicht gesägten Rand (gegen den Grund zu ganzrandig), mit 0,5–1,5 mm langen weissen Haaren, oberseits dunkelgrün und mit gewölbten Feldern, unterseits weisslich grün und die Fläche mit dunkelgrünen Adern durchzogen; Laubblätter wechselständig angeordnet.
Zweige: Junge Zweige lichtseits braunrot bis dunkelgrün, schattenseits mehrheitlich grünlich.

150 Bruch-Weide – Sálix frágilis L.

Merkmale: Von April bis Mai blühender, sommergrüner Strauch/bis 15 m hoher Baum.
Standort: In der kollinen (seltener montanen) Stufe in den Flussauen, entlang von Flüssen und Bächen; meidet sommerliches Hochwasser.
Laubblätter: 5–16 cm lang und mit einem bis 1 cm langen Stiel; an diesem 2–4 Petiolardrüsen; Blattspreite im Umriss länglich lanzettlich, in der Jugend klebrig, meist im unteren Drittel am breitesten, am Ende sehr lang und fein zugespitzt, an der Basis schmal- oder breit keilförmig verschmälert, mit einem grob buchtig gesägten Rand (Zähne einwärts gebogen; beim reinen Typ sind die Drüsen an die Buchten gedrängt), oberseits dunkelgrün und schwach glänzend, unterseits anfangs seidig, später hell- oder bläulichgrün und mit einer deutlich hervortretenden Hauptader; Laubblätter wechselständig angeordnet und später im Jahr vollständig verkahlend.
Zweige: Junge Zweige gelb oder braun, kahl und lackartig glänzend.

151 Silber-Weide – Sálix álba L.

Merkmale: Von April bis Mai blühender, sommergrüner Baum von 10–20 m Höhe.
Standort: In der kollinen Stufe in Auenwäldern zusammen mit Pappeln, Erlen und weiteren Weidenarten, entlang grosser Flüsse, an Bächen und Seen.
Laubblätter: 5–10 cm lang und mit einem 5–10 mm langen Stiel; Blattspreite im Umriss schmal lanzettlich bis lanzettlich, anfangs mit schmalen Nebenblättern, im obersten Teil seitlich gekrümmt, am Ende schmal und fein zugespitzt, an der Basis schmal keilförmig verschmälert, mit einem fein und regelmässig gesägten/gezähnten Rand, in der Jugend beiderseits mit dichtem, anliegendem und silbrigem Haarkleid, später oberseits dunkelgrün und Haare meist verlierend, unterseits durch bleibende Haare silbrig weiss erscheinend; Seitenadern oberseits schlecht erkennbar; Laubblätter wechselständig angeordnet.
Zweige: Junge Zweige hell- bis dunkelgrau oder braun und dicht zottig behaart.

152 Purpur-Weide – Sálix purpúrea L.

Merkmale: Von März bis Mai blühender, sommergrüner Strauch von 1–3 m Höhe.
Standort: Von der kollinen bis in die subalpine Stufe in Gebüschen, lichten Kiefernwäldern, an Weg- und Waldrändern, Wasserläufen und auf Sandbänken der Alpenflüsse; ein Rohauboden-Pionier.
Laubblätter: 5–10 cm lang und mit einem 5–8 mm langen, oft etwas rötlich angelaufenen Stiel; Blattspreite im Umriss lanzettlich, mit der grössten Breite meist im oberen Drittel, am Ende kurz zugespitzt, an der Basis keilförmig verschmälert und zuletzt noch etwas abgerundet, gegen die Spitze zu fein gesägt, im unteren Teil ganzrandig (Zähne nach der Blattspitze zu gerichtet; Rand nicht eingerollt), oberseits bläulichgrün, kahl und mit deutlich sichtbarer Hauptader, unterseits hell bläulichgrün und kahl; Laubblätter wechselständig, oft auch gegenständig angeordnet.
Zweige: Junge Zweige lichtseits rot bis rotbraun, schattenseits bräunlich und kahl.

Verzeichnis der lateinischen Artsnamen

Verzeichnis der lateinischen Artsnamen

Verzeichnis der deutschen Artsnamen

Verzeichnis der deutschen Artsnamen

Verzeichnis der deutschen Artsnamen

Verzeichnis der deutschen Artsnamen

Index des noms français

Index des noms français

Index des noms français

Index of English Names